高级销售主管培训适用

团队精神
TUANDUI JINGSHEN

中国人寿保险股份有限公司教材编写委员会 编

中国金融出版社

责任编辑：贾　真　肖丽敏
责任校对：刘　明
责任印制：毛春明

图书在版编目（CIP）数据

团队精神（Tuandui Jingshen）/中国人寿保险股份有限公司教材编写委员会编．—北京：中国金融出版社，2010.12
（寿险教育训练系列教材）
ISBN 978 - 7 - 5049 - 5701 - 6

Ⅰ.①团… Ⅱ.①中… Ⅲ.①企业管理—组织管理学 Ⅳ.①F272.9

中国版本图书馆 CIP 数据核字（2010）第 202478 号

出版
发行　中国金融出版社

社址　北京市丰台区益泽路 2 号
市场开发部　（010）63266347，63805472，63439533（传真）
网上书店　http://www.chinafph.com
　　　　　（010）63286832，63365686（传真）
读者服务部　（010）66070833，62568380
邮编　100071
经销　新华书店
印刷　北京汇林印务有限公司
尺寸　169 毫米 × 239 毫米
印张　7.75
字数　110 千
版次　2010 年 12 月第 1 版
印次　2010 年 12 月第 1 次印刷
定价　17.00 元
ISBN 978 - 7 - 5049 - 5701 - 6/F.5261
如出现印装错误本社负责调换　联系电话（010）63263947

总　序

　　伴随着新中国六十年伟大征程和经济社会发展的巨大变化，我国保险业取得了举世瞩目的成就，行业面貌和服务经济社会的能力发生了深刻变化，保险业为我国经济发展和社会进步提供了强有力的保险保障，已经成为我国社会保障体系的重要组成部分，是服务民生、保障民生、促进社会管理和公共服务创新的重要方式，为我国经济发展和社会进步发挥了重要的、不可替代的作用。

　　中国人寿作为国内最大的寿险公司，在保险业务快速增长的同时，综合实力也得到显著提升，为国家经济发展和社会稳定作出了积极贡献。我们确立了中国人寿特色寿险发展道路这一发展战略，提出了建设国际一流寿险公司的奋斗目标。我们深知，在新的历史条件下，面临的发展任务将会更加繁重，需要驾驭的局势更加复杂，队伍建设方面也面临更高的要求，加强教育培训、进一步提升销售伙伴的素质和能力已经成为我们必须重视的一个突出问题。

　　教育培训历来是队伍建设的重要途径，是队伍建设的决定性因素，教育培训强则企业竞争能力强。中国人寿要扩大自己在市场上的影响力、号召力，形成别人无法仿效、无法复制、无法抗衡、无法超越的核心竞争力，就必须紧跟时代发展的新变化，适应市场竞争的新格局，不断解放思想、更新观念，牢固树立科学的人才观，大力加强教育培训工作，全力建设一流的队伍，为打造国际一流寿险公司提供坚强有力的人才保证和智力支持。

　　教育培训工作是一项复杂的系统工程。完整的教育培训体系涉及制度、课程和教材、讲师队伍和组织实施四个关键环节,其中,课程和教材是教育培训内容的载体,是教育培训实施的重要依据。没有规范的课程设计和统一的教材体系,教育培训制度就无法执行,教育培训工作的长效化就无法实现。建立一套具有自身特色的,能满足不同类别人员需要的,体现科学性、针对性和实用性的教材体系,是摆在公司教育培训工作方面的重要任务。鉴于此,公司自2009年初正式启动了销售类系列制式化教材的编写工作。

销售类系列制式化教材的问世,凝聚了众多编写人员的智慧结晶,是公司教育培训工作取得的一项阶段性成果。尽管还存在着各种不足,但我相信这在公司教材建设方面是一个良好的开端,并将会在推进公司教育培训工作的过程中发挥重要的作用。

衷心希望各级销售人员认真学习、勇于实践、有效提升专业知识和技能,迅速成长为客户信任的保险专家和理财专家,在中国人寿这个广阔舞台上大显身手,用智慧和才华,奏响公司跨越式发展的时代强音,为中国保险业又好又快发展再立新功。

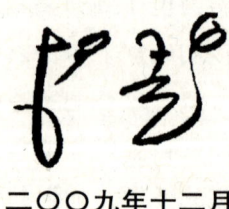

二〇〇九年十二月

前　言

寿险营销团队的发展壮大不仅需要一些外部政策与环境的引导与推动，更需要团队内在的驱动，这种团队内在驱动就是团队精神。

格局决定定位，精神引领发展。每一位寿险营销主管，都需要了解与掌握团队发展的关键一步——团队精神的建立。一个民族没有振奋的民族精神，不可能自立于世界民族之林；一个团队没有凝心聚力的团队精神，不可能做大做强。

为此，我们为营销主管编写了《团队精神》一书。本书共分为五章：第一章是团队精神概述——开门见山，引入正题；第二章是团队精神的作用——认识深入，步步导入；第三章是团队精神建设的基础——为您阐述团队精神建设中的基础内容；第四章是团队精神建设的方法——为您解析团队精神建设的技巧与方法；第五章是导航仪：团队精神不断推动团队远行——用团队精神建设的实际案例带您进入团队精神塑造的新高度。

本书除了有深入浅出的理论阐述之外，还配有大量的情景导入、资讯链接、案例研读、小贴士等，帮助您更好地把握本书的内容，真正学到锻造团队精神的方法。

本书由中国人寿保险股份有限公司教育培训部负责统筹定稿，安徽省分公司负责编写，胡友柱负责第一章的编写，韩少同负责第二章的编写，周丽负责第三章的编写，方秀明负责第四章的编写，邹宇负责第五章的编写。

由于作者经验有限，书中难免存在疏漏之处，望读者予以批评指正，并在此预祝读者走向成功。

编者
二〇一〇年十一月

目 录

第一章　团队精神概述 ·· 001
  第一节　个人、群体与团队 ·· 003
  第二节　团队精神的概念 ·· 009
  第三节　团队精神的价值特征 ·· 016

第二章　团队精神的作用 ·· 023
  第一节　团队精神激发责任感 ·· 025
  第二节　团队精神具备目标导向功能 ·································· 032
  第三节　团队精神能够凝心聚力 ······································ 036
  第四节　团队精神产生激励效果 ······································ 041
  第五节　团队精神可以控制行为 ······································ 045

第三章　团队精神建设的基础 ·· 049
  第一节　团队精神建设的三大要素 ···································· 051
  第二节　团队文化引领团队精神 ······································ 057
  第三节　团队精神建设的基石 ·· 061

第四章　团队精神建设的方法 ·· 071
  第一节　团队领导的角色和素养 ······································ 073
  第二节　营造相互信任的组织氛围 ···································· 080
  第三节　建立有效的沟通机制 ·· 086

第五章　导航仪：团队精神不断推动团队远行⋯⋯⋯⋯⋯⋯⋯⋯ 095
　　第一节　优秀团队的团队精神特征⋯⋯⋯⋯⋯⋯⋯⋯⋯⋯ 097
　　第二节　团队的自我超越⋯⋯⋯⋯⋯⋯⋯⋯⋯⋯⋯⋯⋯ 102

参考文献⋯⋯⋯⋯⋯⋯⋯⋯⋯⋯⋯⋯⋯⋯⋯⋯⋯⋯⋯⋯⋯⋯ 114

第一章 团队精神概述

□ 个人、群体与团队
□ 团队精神的概念
□ 团队精神的价值特征

关键术语

团队精神　认识误区　价值特征

知识要求

- ◆ 了解个人、群体与团队之间的关系
- ◆ 熟悉团队的概念
- ◆ 理解团队精神的价值特征

技能要求

- ◆ 学会准确判断什么是团队精神

周鹏飞进保险公司已经十年了，十年中，他不仅在业务上取得了突出的成就，而且也积极按照公司的要求坚持"两条腿"（在寿险公司，通常将业务发展与组织发展称为"两条腿"）走路，逐渐带出了一支自己的队伍，并建立了自己的分部——"鹏飞分部"，所辖人力也由最初的几人发展到40余人，他的梦想就是能带出一支百人团队。

可是最近他发现随着团队越来越大，团队中的问题也越来越多，如团队销售人员的士气与状态时高时低，自我管理意识较弱，缺乏大局意识、协作意识，且部分销售人员团队荣誉感较差，缺乏奋斗目标……与刚刚组建时团队销售人员齐心协力、士气高涨、激情澎湃、凝心聚力相差很大。他想：为什么会出现这样的问题？难道这就是缺乏团队精神的表现吗？什么是团队精神？一个拥有团队精神的团队该是怎样的状态？

带着这些问题，本章将带您一起了解什么是团队精神。

第一节 个人、群体与团队

在解读团队精神之前,先让我们了解一下个人与团队、群体与团队的概念与区别,以便更好地掌握团队精神的概念。

一、个人与团队

团队之于个人,如同鱼与水的关系,是相互联系、不可分割的。离开了个人,团队将无从谈起,团队是由一个个的个体所组成的;与此同时,离开了团队,个人也将无法生存,个人是在团队中才得以生存、成长和发展的。

我们说,个人再完美,也就是一滴水;而一个团队,一个优秀的团队才是大海。

(一)没有完美的个人,只有完美的团队

从古到今,任何时代人们都需要英雄,需要对英雄的崇拜。但是,任何时代,英雄的业绩都不是一个人创造的。在NBA历史上曾有一位传奇式的英雄人物——飞人乔丹,他是当时芝加哥公牛队的灵魂人物,但那时的芝加哥公牛队还有皮蓬、罗德曼、科尔、朗利、库科奇、格兰特等杰出的运动员,由他们共同组成了一支优秀的团队,才成就了芝加哥公牛队两个三连冠的霸业。可以说没有乔丹,就没有芝加哥公牛队20世纪90年代的辉煌;没有乔丹那帮伙伴,也同样不会有那个辉煌的年代。

在寿险营销团队中,任何一个人都需要团队氛围的感染、团队精神的激励、主管与伙伴的帮助与鼓励以及个人的努力才能成就自己。

时代需要英雄,更需要伟大的团队。

如今,中国篮球界也出现了一位英雄人物——姚明。在2004年奥运会上,国人对中国篮球队抱以莫大的希望。是的,我们的确有些本钱,中国队不但有姚明,还有巴特尔、天才新秀易建联等人,中国队似乎可以稳稳地打掉新西兰,拼下意大利,顶翻西班牙,叫板塞黑。但是结果呢?结果不但大比分输给了西班牙,而且落后于意大利37分之多,简直溃不成军。而在最关键与塞黑的一战中,中国队在NBA名帅哈里

斯的激励下，终于唤醒了团队精神——团结协作、永不服输的精神，以一分险胜欧洲冠军塞黑队，挤进八强。

21世纪的竞争态势已经很明显，一个伟大的团队远远胜于英雄个人的作用。所以说，没有完美的个人，只有完美的团队。

小贴士

五指辩论

有一天，五根手指聚在一起，讨论谁是真正的老大，大拇指骄傲地率先发言，说："五根手指中，我排第一而且最粗大，人们在称赞最好或是表现杰出的时候，都是竖起大拇指，所以老大非我莫属。"食指不以为然，急着辩解："我才是老大，要知道夹菜时，没有我支撑着，根本夹不了菜，而且食指大动，才能大快朵颐，另外，人类在指示方向时，必须靠我。"中指不屑地说："五指中我最修长，有如鹤立鸡群，而且我居最中间的位置，大家众星捧月，这不就是老大的证明吗？"无名指不甘示弱，理直气壮地主张："三位未免太自大了，世上最珍贵的珠宝，只有套在我身上，才能相得益彰，因此，我才配称老大。"小指在一旁，只是静默不语，因此其余四根手指诧异地一起问道："喂，你怎么不谈谈你的看法，难道你不想当老大？""各位都有显赫的地位，我人微言轻，只是当人类在合十礼拜或打躬作揖时，我最靠近真理与对方。"

资料来源：《影响世界的100个寓言》第95篇，百度搜索。

（二）"1+1>2"

北京大学光华管理学院张维迎教授认为：企业的核心竞争力有五大特征：偷不去、买不来、拆不开、带不走和流不掉。而符合这五大特征的正是团队精神，优秀的团队精神才是企业真正的核心竞争力。

格式塔心理学中说过：整体大于它的部分之和。一个由相互联系、相互制约的若干部分组成的协作整体，经过优化设计后，整体功能能够大于部分之和，产生"1+1>2"的效果，这已成了人们的共识，因此，它不仅被很多团队的管理者所重视，也为每一个优秀的销售人员所认同。作为团队的一分子，一个优秀的销售人员能自觉地找到自己在团队中的位置，能自觉地服从团队运作的需要，他把团队的成功看做发挥个人才能的目标，他不是一个自以为是、好出风头的孤胆英雄，而是一个充满合作激情，能够克制自我、与同事共创辉煌的人，因为他明白，离开了合作，他将一事无成，而有了合作，他才可能与别人一起创造奇迹。

所以，在寿险营销团队中，我们要充分发挥每一个团队成员的作用，通过团队精神去引导和培养每一个团队成员朝着更高的产能和目标去奋进，从而实现团队整体产能的提高。我们常说一个人靠一种精神力量生存和发展，因为他的理念决定了他的生存状态。一个团队也是如此，无数个团队成员的个人精神，融会成一种共同的团队精神，将是这个团队奋起跨越的开始。

二、群体与团队

群体，在英文中为 Group，团队，在英文中为 Team。团队不同于群体，群体可能只是一群人的简单组合，如火车上的旅客，各自有不同的目的地，没有制度约束，相互之间不存在利益关系，更不具备高度的战斗能力。而一个有高度竞争力、战斗力的团队，必须具备"团队精神"

教育宝宝要参加群体活动

(Team Spirit)。

（一）群体的定义及特点

群体是相对于个体而言的，但不是随便几个人就能构成群体，如大街上熙熙攘攘的人群就不是群体。而比如为了共同的事业和理想追求来到某单位或公司，就组成了一个群体。

用图示来表示群体之间的关系（见图1.1）。

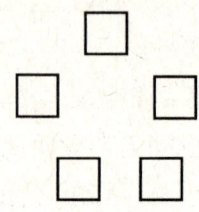

图1.1 群体关系图

群体具有以下两个特点：

第一，群体在工作目标上具有浅层次和暂时性。如寿险营销团队中销售人员自发组成的结伴拜访即具有此种含义。

第二，群体在协同配合方面具有中性或消极的一面。群体在协同配合方面只会产生"1+1=2"或"1+1<2"的效果，而无法达到"1+1>2"的效果。因为群体是由一个个的个体所构成，而这些个体都有自己的相对独立性，如果没有一定的约束与团队精神，将无法产生团队的爆发力。

（二）团队的定义与特点

管理学家罗宾斯认为：团队就是由两个或者两个以上相互作用、相互依赖的个体，为了特定目标而按照一定规则结合在一起的组织。团队是指为了实现某一目标而相互协作的个体所组成的正式群体，它合理地利用每一个成员的知识和技能协同工作、解决问题，达到共同的目标。

团队具有以下6个特征：（1）明确的目标。（2）团队成员的技能。（3）团队成员间相互信任。（4）团队士气。（5）良好的沟通。（6）团队主管的号召力、带动与感染力。

> **小贴士**
>
> **蚂蚁军团**
>
> 　　在非洲的草原上如果见到羚羊在奔逃,那一定是狮子来了;如果见到狮子在躲避,那就是象群发怒了;如果见到成百上千的狮子和大象集体逃命的壮观景象,那是什么来了呢?——是蚂蚁军团来了!
>
> 　　资料来源:百度百科。

(三) 群体向团队的过渡与转化

团队与群体在领导、目标、协作、责任、技能、结果6个方面具有明显的差异。

1. 在领导方面,团队拥有比较明确的领导人,群体则没有领导人。而团队在建立之初,需要团队主管的带领和引导,当团队发展到一定阶段后,团队成员之间会共享决策性。如寿险营销团队在团队发展到一定阶段后,由团队的相关功能组来实施团队的日常管理和决策。

以任务为核心	没有共同目标
被赋予权责	没有利益关系
互补与合作	相互可替换
遵守团队规范	遵守群体规范

图1.2　团队与群体关系图

2. 在目标方面,团队目标比群体目标更具有组织性、持续性和统一性。

3. 在协作性方面,群体的协作性不如团队的协作性强。

4. 在责任方面,团队责任具有更强的明确性与指向性。

5. 在技能方面,群体成员的技能既可能是相同的,也可能是不同的。而团队成员的技能却是相互补充的,团队成员的这种技能补充,能够有效地促进团队的整合。

6. 在结果方面,群体的工作成果是由一个个成员的成果累积而成。

而团队的工作成果是大家共同合作完成的。

　　从群体发展到一个真正的团队需要一个过程，大体可分为三个阶段。第一阶段，由群体发展到所谓的伪团队，也就是我们所说的假团队。第二阶段，由假团队发展到潜在的团队，这时已经具备了团队的雏形。第三阶段，由潜在的团队发展为一个真正的团队，它具备了团队的一些基本特征。

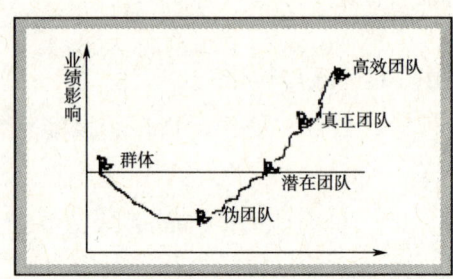

图1.3　群体向团队发展过程图

> **知识链接**
>
> 拿破仑回忆录
>
> 　　2个马木留克兵绝对能打赢3个法国士兵，100个法国士兵与100个马木留克兵势均力敌，300个法国士兵大多能战胜300个马木留克兵，而1000个法国士兵则可战胜1500个马木留克兵。
>
> 　　一问：为什么会出现如此变化呢？
>
> 　　一答：法国士兵纪律严明，能够相互配合作战，充分发挥整体的功能，所以法国士兵由败到赢。说明当各部分以有序、合理、优化的结构形成整体时，整体功能大于部分功能之和。
>
> 　　二问：整体功能大于部分功能之和是整体和部分功能不同的第二种情形。那组织纪律涣散、配合松懈的1500个马木留克兵为什么会败给法国士兵？这又说明什么？
>
> 　　二答：当部分以无序、欠佳的结构形成整体时，各部分原有的性能得不到发挥而使力量削弱，甚至抵消，使整体功能小于部分功能之和。
>
> *资料来源：百度百科。*

形象地讲，一个团队就像一窝蜜蜂，每个蜜蜂都有它所属的蜂巢。蜂群当中都有蜂王、有兵蜂、有工蜂，分工不同。我们拿蜂王来说，正好应了一句《蝙蝠侠》中说的——你的能力越大，你的责任越大。蜂王看似在整个蜜蜂的组织中权力至高无上，享受着荣华富贵，但它必须拖着臃肿的身体，它必须繁衍后代，它没有自由，它不能离开巢穴半步，尽管有那么多蜜蜂伺候它，我想没有几个蜜蜂愿意当这种"倒霉"的大肚子蜂王。因此说，每个人在团队中的价值都是独一无二的，没有什么人能够把自己的利益凌驾于整个团队之上，大如一个团队的最高首领，小如一名普通的操作工，离开了团队都将一文不值。

第二节 团队精神的概念

一、团队精神的引子——"以一当十"与"以十当一"

组成了团队并不意味着就拥有团队精神，只有具备团队精神的团队才具有强大的战斗力与竞争力。

"以一当十"和"以十当一"出自毛泽东《中国革命战争的战略问题》一书，书中指出："我们的战略是'以一当十'，我们的战术是'以十当一'，这是我们制胜敌人的根本法则之一。"

在部分寿险营销团队中，我们会发现一种现象：20%的销售精英创造了团队近80%的业绩，于是就产生了"以一当十"，于是团队的概念逐渐被淡化，往往只是一部分销售精英能够受到团队主管的高度重视，长时间下来，团队非销售精英人员产生不良情绪，团队士气低落、人力锐减，从而导致整体业务逐步下降。

资讯链接

项羽和刘邦争霸天下的故事

项羽在推翻秦王朝的战争中起了非常关键的作用,属于实力派人物,其势力远远超过刘邦,而且他"力拔山,气盖世"。若论单打独斗,别说以一当十,就是以一当一百也不为过。在与刘邦争夺天下的过程中,一开始,只要项羽亲临战斗,每战必克,刘邦则临战必败,但结果却是刘邦的势力越来越大,而项羽的势力却越来越小,最终落得个被围垓下、自刎乌江的结局。他至死也没弄明白,他到底失败在什么地方,还说:"此天亡我也,非战之罪也。"

反观刘邦,不仅本领不如张良、萧何、韩信这"兴汉三杰",而且还"好酒及色",早在当亭长时,"廷中吏无所不狎侮",简直就是地痞流氓。但在与项羽的战争中,却最终打败项羽,夺得天下,胜利还乡,高唱《大风歌》。为什么?刘邦在建国后的一次庆功会上,曾向群臣解释说:"夫运筹帷幄之中,决胜千里之外,吾不如子房(张良);镇国家,抚百姓,给饷馈,不绝粮道,吾不如萧何;连百万之众,战必胜,攻必取,吾不如韩信。三者皆人杰,吾能用之,此吾所以取天下者也。项羽有一范增而不能用,此所以为吾擒也。"

刘邦把胜利的原因归结为他能识人、用人,而项羽则不能识人、用人。刘邦的说法传承日久,并经过历史的强化而成为他战胜项羽的最佳解释。刘邦的胜利,其实是团队的胜利。刘邦建立了一个人才各得其所、才能适得其用的团队;而项羽则仅靠匹夫之勇,没有建立起一个人才得其所用的团队,所以失败是情理之中的事。

资料来源:李慧波:《团队精神》,北京,新华出版社,2004。

团队主管往往将团队的主要重心放在能产生高绩效、高产能的销售精英身上,而忽视了以销售精英带动团队整体的发展,忽视了团队建设,最终导致团队陷入产能越来越低的恶性循环状态。

因此,我们要正确认识和处理好"以一当十"与"以十当一"之间的辩证关系。"以一当十"与"以十当一"的辩证关系，深刻地揭示了"小成功靠个人，大成功靠团队"的道理，因此，在销售团队中，我们必须要正确处理好销售精英与团队的关系。在树立销售精英作为团队标杆，带动和引领团队其他销售人员不断提高自身产能的同时，还要关注低绩效人员的转化，更要在此基础上逐步建立团队精神，用团队精神促进和带动团队销售人员个人的发展，以带动团队整体的发展。

如果把团队中的每一个个体都比做一颗珍珠的话，那么让这串珍珠光彩夺目的先决条件就是拥有一根可以串联的线，而这根线就是团队精神！

二、团队精神的定义

所谓团队精神，历来表述不一。一般的定义就是团队成员为了团队的利益和目标而互相协作、尽心尽力的意愿和作风。简单来说就是大局意识、协作精神和服务精神的集中体现。

结合寿险实践及团队调研，我们认为，在寿险团队中，团队精神就是团队成员之间具有学习意识、协作意识、创新意识，并具有较强竞争力，有共同的团队发展愿景，并齐心协力向着目标而不断努力奋进的精神体现。

一个具有团队精神的团队，会表现出团队成员对团队的高度忠诚，团队成员之间相互信任，团队士气高涨，团队成员表现出勇于挑战、不断进取、积极主动的精神风貌。

寿险营销在走过了"人海战术"、"大进大出"、"精英战略"的发展模式后，越来越多的管理者已经认识到锻造团队的重要性，于是便有了打造"狼性团队"、"营销铁军"、"营销第一军"等诸多的团队发展战略思想。无论是"狼性团队"还是"营销第一军"，都离不开团队建设中最根本、最基础的要素之一，那就是团队精神。

当一个个的个体组成一个团队，而这个团队又注入了一种叫做"精神"的东西时，这个团队将会产生怎样的奇迹啊！

三、对团队精神的认识误区

从前面团队精神的概念，我们已经了解到，团队精神既不是职场中的一句口号，也不是职场中的一条标语，而是团队成员间自发内在的、自动自发的凝聚团队成员朝着一个目标，并最终达成目标的动力。这种动力必须经全体团队成员认可，并作为自己的行动准则。而在团队精神的认识方面，我们要注意以下两种认识误区。

（一）重物质、轻精神，忽视了寿险职业特性

我们发现，目前在团队中，有形或无形的团队精神是存在的。但是这些团队精神都有一个特点，就是比较重物质、轻精神，尤其是忽视了寿险的职业特性。部分团队提出了"打造某某第一团队"、"争夺某某奖项"、"成为中产阶级"等，不一而足。这种单纯追求物质，而忽视了其职业爱心和职业责任感，从长远来说，不利于团队的长远发展。

销售人员有自己的物质意愿和精神意愿，物质意愿就是通过自己的代理活动促进保险业务的发展，为保险人创造经济价值，并从中获取最大的佣金报酬；其精神意愿就是通过自己的代理活动促进保险业务的发展，为社会和民众提供保障服务的爱心和责任感。只有合理有效地驾驭代理人的物质意愿和精神意愿，才能使代理人树立正确的保险职业观和正确的保险营销观，才能建立高素质的营销队伍，确保保险营销市场诚信有序，使保险营销进入健康、良性的发展轨道。因此，我们认为，团队精神塑造不仅需要涵盖具体物质的层面，但更要侧重于精神、

> **小贴士**
>
> 为什么人多力量却不一定大
>
> 被测试者分为四组,每组人数分别为一人、二人、三人和八人。瑞格尔曼要求各组用尽全力拉绳,同时用灵敏的测力器分别测量拉力。测量的结果有些出乎人们的意料:二人组的拉力只为单独拉绳时二人拉力总和的95%;三人组的拉力只为单独拉绳时三人拉力综合的85%;而八人组的拉力则降到单独拉绳时八人拉力总和的49%。
>
> 资料来源:李慧波:《团队精神》,北京,新华出版社,2004。

荣誉及寿险职业特性的层面。从保险行业能为社会大众提供保险保障和社会责任这样的大局来定位,能激励营销伙伴树立高远的职业目标,也更能产生正面、积极、持续的效应。

(二)为什么"1+1<2"

在某些寿险营销团队中,团队伙伴间不是互相激励、互相促进,反而却是互相排斥、互相抱怨,甚至部分小主管、精英都成了团队发展的"绊脚石"。团队中为什么会出现"1+1<2"的现象?寿险营销团队中出现这种现象主要有以下两个方面原因:一是团队伙伴来自社会各个层面,层次高低相差较大,两极分化较大,很难从一开始就形成融洽的氛围,尤其是在团队精神尚不健全的情况下。二是随着团队规模的扩大、人员的增多,以及团队主管管理方式和团队制度等的局限性,团队伙伴与主管之间是伙伴关系,而非雇佣关系,从而导致"1+1<2"的现象。

出现这种现象,最有效的解决途径就是通过建立团队精神,通过团队精神的建立,让伙伴形成团队归属感,让精神的力量去感召与转化团队伙伴,使团队目标与伙伴个人目标不断融合,形成合力。

(三)忽视了团队精神建设中的三类人

在寿险团队精神的建立中,我们尤其要关注三类人——团队主管、销售精英与低绩效销售人员。

案例研读

做团队的"精神领袖"

案例导读

某寿险公司某团队,已经创建有 2 年多的时间了,但是团队的人力与业务始终比较低迷。经过调查发现,由于该团队主管是行政任命的,缺乏应有的团队管理经验,且该主管"书生气"太重,难以服众,因此,公司将在该团队采取集体投票表决的方式,产生了一位团队成员自己推选的主管。该主管接任后,首先确立了团队发展的理念与精神:"有奖必拿、有奖必争"。某分公司营销部更是树立了"要做就做最好,要争就争第一"的理念。团队中的伙伴在这种精神的激励下,不断超越、不断奋进,到 2007 年,该团队从最初的 30 多人发展到 203 人,实现年产能 1163 万元,2008 年更是达到 1410 万元。目前,该团队已成为该公司的"标杆团队"。

提出问题

团队主管在团队中承担着怎样的作用?为什么同样的团队,换了一个团队主管会产生如此大的差异?其根本原因是什么?

案例结论

俗话说:"兵熊熊一个,将熊熊一窝"。基层团队的主管是团队的"精神领袖",在团队中起到引领、带动的作用,这就要求基础团队的主管既要是团队的指挥员、教练员,还要深得团队伙伴的尊重和拥戴。一个团队发展的好坏,间接地反映了这个团队主管能力的高低。因此,团队精神的建设首先取决于该团队的直接领导者——团队主管。

1. 团队主管

一个团队在成立之初的团队精神,往往是这个团队的组建者——团队主管自身精神的集中体现。

当前,部分营销团队主管缺乏自主经营意识,对于寿险营销的经营与管理意识缺乏,从而失去了在团队中应有的威信,使得团队精神无法锻造。

一个称职的寿险团队主管应该具备以下五个特点:

(1) 称职的团队主管必须是一名称职的销售人员。作为团队主管,不仅要会管理、善于与团队成员进行沟通，更要在实际展业中获取丰富的展业知识与经验，从而带动与帮扶团队伙伴。一个称职的主管不仅仅是指挥员，更是一名出色的教练员。实践出真知，所以说，称职的团队主管必须是一名称职的销售人员。

（2）称职的团队主管必须忠诚于公司，忠诚于寿险事业。团队主管是团队的一面旗帜，团队成员的行为往往在很大程度上受团队主管的影响。所以团队主管必须要忠诚于公司，对寿险事业有着执著的热爱和热情。

（3）带动团队成员向先进的销售人员看齐。主管在树立团队标杆的同时，更重要的是不去冷落其他成员，而应当创造条件鼓励后进。并在政策和制度上为后进的伙伴提供平台，从而形成整体团队营销业绩的提升。主管仅盯着某几个优秀的成员是不可取的，也容易挫伤其他成员的积极性、主动性和创造性。

（4）主管是劳心者而非劳力者。孟子说："劳心者役人，劳力者役于人"。主管是团队的管理者，必须要运用其智慧，发掘团队中的问题，进行深入分析，提出解决对策。主管必须有自主经营团队的意识与行为，而不能仅仅将自己当成营销精英，当成团队业绩的主要贡献者。

2. 营销精英与低绩效人员

无论是营销精英还是低绩效人员，都是团队中的一分子，都是团队精神与团队发展的重要力量，任何一方都不可或缺。之所以要提出营销精英与低绩效人员，是因为团队精神的强弱在精英与低绩效人员中所表现的差异性是非常大的。

高绩效的营销团队是每一个团队的追求。高绩效的营销团队是由高绩效的营销人员组成的。在营销队伍中，我们不仅要关注精英，更要不断培养营销团队的整体竞争力。而整体竞争力不仅需要精英的带动，更离不开低绩效人员的转化与提升。因此，在认识团队精神前，要正确认识两者之间在团队精神塑造中的作用和关系，从而为有效锻造团队精神奠定基础。

> **资讯链接**
>
> 木桶效应
>
> 美国管理学家彼得认为：木桶效应是指一只水桶想盛满水，必须每块木板都一样平齐且无破损，如果这只桶的木板中有一块不齐或者某块木板下面有破洞，这只桶就无法盛满水。一只水桶能盛多少水，并不取决于最长的那块木板，而是取决于最短的那块木板，也可称为"短板效应"。
>
>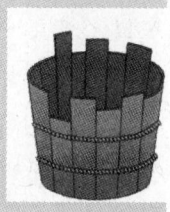
>
> 资料来源：百度百科：《木桶效应》。

第三节　团队精神的价值特征

团队精神反映了团队生产力的内在要求。在团队中，要想将全体团队成员的思想和行动统一起来，形成一个团队的价值航标，就必须树立团队成员认同的一种健康向上的团队意识，就必须培育和弘扬具有团队特色的团队精神。在掌握了团队精神的概念后，我们还需要对团队精神的价值特征有一些浅显的认识。

一、共同愿景、合理的制度、有效执行

在团队精神的价值特征中，最重要的部分之一就是拥有共同愿景、合理的制度与有效执行。

（一）共同愿景

共同愿景在词条中的解释是团队成员所共同持有的意象和景象，是团队所追求的目标。

在寿险营销团队中，在锻造团队精神前，必须要提出符合团队实际、能激励大部分业务伙伴的共同愿景，让这种愿景成为引领、凝聚和感召全体团队伙伴的航向标。

（二）合理的制度

制度是团队成员共同遵守的某些办事规程和行动准则，从而为完

成任务或目标提供保证。

在寿险营销团队中我们都知道"严格的管理才是爱",因此,在团队精神的锻造方面,必须要有合理而有效的制度去维护团队秩序,约束团队成员的行为。

(三)有效执行

团队精神必须通过一定团队产能与结果才能表现出来,而不只是一种精神或隐形的东西。因此,在团队精神的价值特征中,一个重要的方面就是有效执行。通过对目标与制度的有效执行,不断促进团队整体产能的发展,从而显现出团队精神对于团队的意义与重要性。

二、学习

在寿险营销团队中,早夕会、周例会、月经营分析会议、常规培训等都是学习的表现形式。我们常说:"培训是员工最大的福利"。一个善于学习的团队,不仅能赢得现在,更能赢得未来。离开了学习,即使在团队发展的初期锻造了团队精神,团队精神的影响作用不仅无法持久,它的作用也会淡化。

三、协作

故事分享

为什么各人只扫门前雪

有这样一个故事:

有一天,三个和尚在一个寺庙里相遇。

"这寺庙为什么荒废了?"不知是谁提出的问题。

"必定是和尚不诚,所以菩萨不灵。"甲和尚说。

"必定是和尚不勤,所以庙堂不修。"乙和尚说。

"必定是和尚不敬,所以香客不多。"丙和尚说。

三个和尚争执不下,最后决定何不留下来各尽所能,看看谁最成功。于是甲和尚虔心礼佛,乙和尚重修庙堂,丙和尚化缘讲经。不久后,香火鼎盛,香客不绝,寺庙又恢复了昔日的昌盛。

> "都因我虔心礼佛,所以菩萨显灵。"甲和尚说。
>
> "都因我重修庙堂,所以庙宇堂皇。"乙和尚说。
>
> "都因我化缘讲经,所以香客众多。"丙和尚说。
>
> 从此,三个和尚日夜争执不休,寺庙的盛况又逐渐消失了。
>
> 三个和尚都没有明白,是他们齐心协力才使得寺庙香火旺盛。同时,也是他们各自为政,想以局部凌驾于整体之上的错误做法导致了寺庙的再一次衰败。他们不知道,在职责清楚、分工明确的基础上,相互之间进行协作是一个团队成员的应尽之责。
>
> 资料来源:百度搜索"为什么各人只扫门前雪"。

现代寿险营销团队中,协作精神也越来越强。如在寿险营销团队中的各种类型的功能组即协作精神的具体体现。在专业分工越来越细、市场竞争越来越激烈的前提下,单打独斗的时代已经过去,合作变得越来越重要,如结伴拜访、师徒拜访、小组拜访等都是合作精神的具体体现。

四、创新

记得20世纪80年代的著名摇滚歌星崔健有首歌唱道:"不是我不明白,这世界变化快"。的确太快了,改革开放30多年来,中国的变化之快出乎意料,近年来更呈加速之势。社会已进入资讯时代,科技日新月异,没有一个产品能永远畅销。社会也已进入"快鱼吃慢鱼"的时代,企业要想长盛不衰,团队要想长久发展,就必须在各个方面进行创新。

所以,现代社会要求一个团队也必须是一个创新型团队。

五、竞争

过去先进不等于现在先进,现在先进不等于永远先进。每一个企业都想打造百年老店,而每一个团队是否也想打造百年团队?面对激烈的内外部竞争,作为一个团队,就必须要具备足够的竞争力。"狼来了"

> **知识链接**
>
> ### 行政功能组
>
> 某寿险公司某团队现有架构人力 52 人，团队自 2001 年成立十年以来，团队发展先后经历了组建期、磨合期、风暴期、规范期。在全体伙伴的共同努力下，团队沉淀了自己特有的企业文化、经营理念、经营哲学和经营使命。团队运作采取团队经营管理模式，设有自己独特的管理委员会，下设六大功能管理部门（业务发展部、团康福利部、职场管理部、人力发展部、活动量管理部、会议经营部）。行政功能组管理运作规范，充分授权，分工合作，需要时，"你中有我，我中有你"。团队经营运作模式为团队标准化、专业化经营管理提供了有效的系统支持。

不再是惊呼，而是事实；不想被狼吃掉，就要学会与狼共舞；要与狼共舞，先要学会变成狼。面对竞争没有第二条路好走，只有勇敢地迎上去！

> **小贴士**
>
> ### 物竞天择，适者生存：打造竞争型团队
>
> 联想集团面对戴尔、惠普等强劲的竞争对手，提出了"打造虎狼之师"的口号。2004 年，由于没有完成前一个三年计划，联想集团不得不减员 5%。2004 年春节后，联想的所有员工都收到了一封信——"狼性的呼唤"，这是杨元庆企图激活联想文化、塑造团队精神所作的一种努力。联想没有退路，只有背水一战，重新在 PC 市场找回领导者的尊严；杨元庆别无选择，必须鼓舞士气，再现当年 PC 市场攻城略地的霸气，来面对比自己强大十倍甚至几十倍的惠普、戴尔、IBM 等跨国公司。"要战胜比自己强大的竞争对手，我们的自身条件将会更残酷，如果我们每一个细胞、每一个个体都不具有竞争力，那这个企业会有竞争力去抗争吗？"
>
> 资料来源：李慧波：《团队精神》，北京，新华出版社，2004。

总之，在掌握团队精神概念的基础上，必须要对团队精神的价值特征有一个全面的了解，认识是基础，也是锻造团队精神重要的一步。

一位参加过长征的红军战士在回忆爬雪山的情景时说："我们翻越一座又一座雪山，当时想，我们这些人也许永远也翻不完这些山了，没有什么希望了。但我们坚信，即使我们真的倒下去，中途失败了，但我们的下一代也一定会继承我们未完成的事业，继续前进，革命终将成功。"

这是一段典型的革命式话语，但我们却丝毫不能怀疑它是虚假的，因为红军战士的信仰绝对是真诚的。红军走完长征全程到达陕北时只有六千多人，历时一年多，他们征战南北，走过了大半个中国，行程超过两万五千里。在长征中，他们要同时进行三种斗争——与蒋介石及地方军阀的斗争，与大自然的斗争，与内部的错误路线、错误政策的斗争。然而，困难和敌人都没有难倒他们，红军一路凯歌到达陕北，建立了新的抗日根据地。有人说它是史诗，有人说它是奇迹，有人说它是人类精神的丰碑，有人说它影响了世界。无论人们怎样形容这支队伍和这次远征，它的伟大和卓越都是不能否认的。

这就是精神的力量，红军是在没有军饷的情况下，依然自动、自觉和自律；在装备如此落后的情况下，还能有那么强大的战斗力；在连饭都吃不饱的情况下，能永远保持强大的凝聚力。试想，如果一个团队能够锻造成如红军精神这般，又怎会出现"一盘散沙"、"1＋1＜2"的状况？

精神的力量是伟大的，无论对于一个人、一支军队、一个团队、一个国家，甚至一个民族，正是源于精神的鞭策与激励，才使得人类树立了精神的丰碑、有了关于精神创造的奇迹。

知识回顾

- ◆ 没有完美的个人，只有完美的团队，要正确处理好主管、精英与低绩效人员三者之间的关系。
- ◆ 团队精神就是团队成员之间具有学习意识、协作意识、创新意识，并具有较强竞争力，有共同的团队发展愿景，并齐心协力向着目标而不断努力奋进的精神体现。
- ◆ 团队精神的价值特征包括：共同愿景、合理的制度、有效执行、学习、协作、创新、竞争。

学以致用

团队精神是团队建设的灵魂，它是隐形的，但却时刻引导着团队伙伴朝着既定的目标前行。通过对什么是团队精神的学习后，周鹏飞主管终于认识到要打造百人团队，必须要从建设团队精神开始。而在建设团队精神开始前就要了解个人与团队、群体与团队的区别，掌握什么是团队精神，对团队精神的认识误区及团队精神的价值特征有一个较为清晰的认识。

周鹏飞主管原有的关于团队精神的疑问一一被解决，百人团队的梦想再次激荡胸中，他相信，只要将这些知识转化为团队建设的实务操作，百人团队的目标一定能早日实现。

第二章 团队精神的作用

- 团队精神激发责任感
- 团队精神具备目标导向功能
- 团队精神能够凝心聚力
- 团队精神产生激励效果
- 团队精神可以控制行为

关键术语

责任感　目标导向　凝聚力　激励效果　控制行为

知识要求

◆ 理解团队精神的五大作用
◆ 掌握团队精神作用的要领

技能要求

◆ 学会判断团队精神的五大作用

周鹏飞通过第一章的学习后，了解到团队出现的诸如缺乏大局意识、协作意识，且部分销售人员团队荣誉感较差，缺乏奋斗目标等问题是因为缺乏团队精神所造成的，而且要想打造百人团队，就必须建立团队精神。

但是，周鹏飞主管在想：要想为自己的团队建立团队精神，就应该了解团队精神对团队的作用。

本章将为您详细介绍团队精神的五大作用及其要领。

第一节 团队精神激发责任感

一、团队精神促进成员履责意识的养成
（一）责任感的概念

> **故事分享**
> 有这样一个故事：
> 　　动物园里有 3 只狼，是一家三口。这 3 只狼一直是由动物园饲养的，为了恢复狼的野性，动物园决定将它们送到森林里，任其自然生长。首先被放出去的是那只身体强壮的狼父亲，动物园的管理员认为，它的生存能力应该比剩下的两只狼强一些。
> 　　过了些日子，动物园的管理员发现，狼父亲经常徘徊在动物园的附近，而且看起来像是很饿的样子，无精打采的。但是，动物园并没有收留它，而是将幼狼放了出去。
> 　　幼狼被放出去之后，动物园的管理员发现，狼父亲很少回来了。偶尔带着幼狼回来几次，它的身体好像比以前强壮多了，幼狼也不像是挨饿的样子。看来，公狼把幼狼照顾得很好，而且自己过得也很好。为了照顾幼狼，狼父亲必须得捕到食物，否则，幼狼就会挨饿。管理员决定把剩下的那只母狼也放出去。
> 　　这只母狼被放出去之后，这 3 只狼再也没有回来过。动物园的管理员想，这一家三口看来是在森林里生活得不错。后来，管理员解释了这 3 只狼为什么能重返大自然生活。
> 　　公狼有照顾幼狼的责任，这是一种本能，正是这种责任让他俩生活得好一些。母狼被放出去后，公狼和母狼共同有照顾幼狼的责任，而且公狼和母狼还需要互相照顾。这 3 只狼互相照顾，才能够重回自然，重新开始生活。
>
> 资料来源：李金玉：《团队精神全集》，深圳，海天出版社，2004。

　　责任是一种生存的法则，无论对于人类还是对于动物界，只有依据这个法则才能够存活。责任感是一种自觉主动地做好分内、分外一

切有益事情的精神状态，是思想道德素质的重要内容。责任感的形成和增强除受意识形态和社会文化环境的影响外，主要靠教育，包括自我教育。

> **案例研读**
>
> 团队责任重千钧
>
> **案例导读**
>
> 　　鲍主管是一支优秀团队的大主管，她深知严于律己是抓好团队、带好团队的先决条件，此所谓"子不言而威自显"。她每天总是早出晚归，忙忙碌碌，就是晚上睡觉前，她也在考虑安排第二天的工作。为此丈夫没少和她拌嘴，但最后总是依了她，因为她深知作为主管，就要对团队负责，对团队中的成员负责，就只好为"大家"而舍"小家"。她有个儿子在县城读高中，马上要参加高考，按理依情，她这个时候应该把重心放在儿子身上，团队成员也时常劝她多为自己想想，但她没有这样做，弄得团队成员都对她有"意见"，却又分外敬重她，而且大家都以鲍主管为表率，向她学习，团队业绩也是蒸蒸日上。这样一位主管为何会得到大家如此敬重呢？
>
> **案例解析**
>
> 　　从上述案例中我们得知，鲍主管虽然身为大主管，但并没有倚老卖老，吩咐属下做事，反而勤勤恳恳、尽心尽责，在兼顾家庭的同时，更是把大量时间和精力放在管理团队上。不管是同事的劝说，还是丈夫的反对，她都一如既往地坚持着，为了团队的"大家"，舍弃了自己的"小家"。
>
> **案例结论**
>
> 　　责任重于千钧，一位有责任心的主管能够带出一支有责任心的团队，而一支有责任心的团队则能产生更多绩效。主管能对团队成员起到模范的作用，主管的人生价值观影响着团队中的每一位成员，而一个有强烈责任心的主管，则能够让团队成员对他产生充分的信任感，进而也是敬重有加。

那么，什么是团队责任感？简单而言，团队责任感就是在一个团队里，个人感觉对他人的关怀和义务。对一个成员来说，实践"团队责任"，意味着他要坚持正确的主张，愿为他人作出奉献和牺牲。当一支团队在团队精神的激发和主管的带领下，团队成员对团队和自己都有强烈的责任感时，这样就更加能够发挥出团队的力量。有了团队责任，我们便有聚在一起共勉的一句话："大家一起前进"。

（二）团队精神提升团队成员责任感

在一个团队中，只有团队中的每一个成员都能做到"团队兴亡，我的责任"，这样的团队才能持续不断地发展。团队中的每一个成员都能对工作、对团队拥有责任感，这样的团队才是优秀的团队，这样的成员才是优秀的成员。如果把团队比喻成一座大厦，那么每个成员的责任感就是这座大厦的基石。责任心是团队对成员的基本要求。古人把"知耻近乎勇"视为美德，清人王永彬在《围炉夜话》中也说："人之足传，在有德不在有位；世所相信，在能行不在能言"，也说明做人要有良好的道德约束和责任心。

作为一个团队主管，就要承担百分之百的团队责任，要按时、按质完成负责的工作，要对所做工作的结果负责，要尽量避免上级来收拾"烂摊子"，不轻易上交矛盾和问题。

知识链接

"自己的猴子自己管好"这是管理学上的一个法则，即猴子法则。这里用猴子来代表一种责任，它有两个方面的意思：一是我们每个人处在不同的工作岗位上，都有各自的职责和责任，一种责任就像养一只猴子，所以每个人虽然分工不同、岗位不同，但都养着一群或多或少、或大或小的猴子。二是猴子是活动的，会跳来跳去，即责任有时是会转移的。我们既要养好、管好自己的猴子，也不要把其他人的猴子领来养或把自己的猴子给别人养。

领导有领导的猴子要养，属员也有自己的猴子要养。如果每一个人都做到了"自己的猴子自己管好"，各负其责，就会一顺百顺！

资料来源：邹鑫：《小强升职记》，北京，北京出版社，2009。

一个人做件好事并不难，难的是经常做好事，更难的是将做好事作为自己的义务。如果一个人缺乏责任感，这种要求是不可能的，甚至是难以想象的，而一个人的责任感一定来自一种良好的组织氛围和卓越的组织精神，一定来源于卓越的团队文化，而团队精神的核心就是责任，只有强烈的责任感，才能推动一个人把持续地做好事情视为自己的义务，只有这样才能造就一支卓越的团队。

二、团队精神推动成员实现自我价值

（一）对团队负责就是对自己负责

小张进入保险行业已经有两年时间了，一直是一个非常敬业的销售人员，两年来，他对于工作一直都是兢兢业业、勤勤恳恳。团队主管和其他销售人员也都非常信任她，所以很多事情也愿意找她帮忙。

在一个业务冲刺的最后阶段，距离团队的任务目标只差最后一点，而另外一位销售人员有一张2万元的单子，但是一时间赶不过来，于是就找到小张帮忙。而小张在接到她的电话之后，立即就答应了她。虽然此时的她由于身体不适在医院打点滴，但想到今天已经是业务冲刺的最后阶段了，这份单子也许就能帮助团队达成任务目标，于是她毅然决定帮助这名销售人员交上这份单子，因为她认为这除了能够对团队有帮助，同时，也不能辜负同事对她的信任。

小张用最快的速度把所有的手续都办妥，交上了这份单子。

每个人的心里都有一个信仰，假如把工作当成信仰，责任就是一种虔诚。责任感是情商的核心内容，那些富有责任感的人更有效率、更容易成功。他们不仅对工作过程负责，更对结果负责。他们只在意是否做了正确的事情，而绝不为恶劣表现找借口。亨利·沃德·毕察曾经说过："决定一次航行是否成功，不是离港起航，而是归航入港。"因为每个人的生命里都沉淀着责任，负责任的工作是我们生活的一部分，也是我们生命的重要组成部分。

在一支拥有自身团队精神的团队中，负责不仅意味着对错误负责、对自己负责，更意味着对团队负责、对团队成员负责，并将这种负责精神落实到每一个工作的细节之中。对团队负责，就是对自己负责。作为团队中的一分子，就要做好承担责任的准备，时刻为了团队奉献自己的力量，这也是团队精神在优秀团队中的体现。

（二）履行责任是自我价值的一种体现

知识链接

20世纪70年代中期，日本的索尼彩电在本国内已经很有名气了，但是在美国却不被客户所接受，因而索尼在美国市场的销售相当惨淡。为了改变这种局面，索尼派出了一位又一位负责人前往美国芝加哥。那时候，日本在国际上的地位还远不如今天这么高，其商品的竞争力也较弱，在美国人看来，日本货就是劣质货的代名词。所以，被派出去的负责人一个又一个空手而回，并找出一大堆借口为自己的美国之行辩解。

但索尼公司没有放弃美国市场。后来，卯木肇担任了索尼国外部部长，上任不久，他被派往芝加哥。经过一番调查，卯木肇知道了其中的原因。原来，以前来的负责人不仅没有努力，还糟蹋了公司的形象，他们曾多次在当地的媒体上发布削价销售索尼彩电的广告，使得索尼在当地消费者心目中进一步形成了"低贱"、"次品"的糟糕印象，索尼的销量当然会受到严重的打击。

到美国后，卯木肇一直在思考如何挽救局面，如何才能改变这种既成的印象，改变销售现状。

经过几天苦苦的思索,卯木肇被"带头牛"效应启发,他决定找一家实力雄厚的电器公司——马歇尔公司作突破口,彻底打开索尼电器的销售局面。

通过一番努力,卯木肇终于见到了马歇尔公司的经理,在他的巧言善辩下,经理终于同意试销两台,不过条件是,如果一周之内卖不出去,立马搬走。

为了开个好头,卯木肇亲自挑选了两名得力干将,把百万美元订货的重任交给了他们,两人果然不负众望,当天下午4点钟,两人就送来了好消息。马歇尔公司又追加了两台。至此,索尼彩电终于挤进了芝加哥的"带头牛"商店。随后,进入家电的销售旺季,短短一个月内,索尼彩电竟卖出700多台。索尼公司和马歇尔公司从中获得了双赢。

有了马歇尔公司这只"带头牛"开路,芝加哥市的100多家商店都对索尼彩电群起而销之,不出3年,索尼彩电在芝加哥的市场占有率达到了30%。

资料来源:《市场营销案例》,2004(9)。

在我们很多的团队中,经常会有销售人员早上在公司开完早会,然后跑出去买菜、逛街,甚至打麻将,主管问他要找的客户找到没有,他就说"客户不在","客户没空,约好明天见","今天走访的客户太多,没来得及"。这些都是没有责任感的表现。而在拥有良好团队精神的团队当中是不会出现这种情况的,主管和组员之间能相互督促和监督,也正是由于团队精神的存在,才使得团队能够共同发展、共同进步。

真正富有责任感的人富有开拓和创新精神,他绝不会在没有努力的情况下就事先找好借口,他会想尽一切办法完成团队交给的任务。条件不具备,他们会创造条件;资源不够,他知道多做一些、多付出一些精力和时间。他们不管被派向哪里,都不会无功而返,都会在不同的岗位上让能力展现出最大的价值。这也是源于他相信自己的团队,愿意为自己的团队付出,这也是团队精神的一种体现。

（三）责任感促使个人与团队达成双赢

"团队造就个人，个人成就团队"，这是一件事情的两个方面，个人与团队是分不开的。

在一个团队中，每一个成员都要面临个体和团队的选择问题。一个优秀的成员一定要在两者之间取得平衡。同时，个体与团队之间并不一定是互相抑制、此消彼长的绝对对立，相反，优秀的成员不仅能在两者之间取得平衡，还能让两者互相促进。

而一名优秀的团队主管能够充分地利用好团队精神，让每一位成员感受到自己在团队中所承担的责任，同时发现团队中每个人的特点，取长补短、相互结合，这样才能发挥出团队的最大能量。

团队的成功，就是个人的成功；团队的失败，当然也就是个人的失败。

知识链接

当狼在一起嚎叫时，一切等级界线都消失了，它们仿佛在宣告："我们是一个整体，但是各个都与众不同，所以最好不要惹我们。"狼群的生命力很强大，这是因为它们是最讲团队精神的动物，没有一只狼可以脱离狼群而长久地独自生活。恶劣的自然环境注定了它们必须以群居作为自己的生活方式。

在一个狼群内部，每一只狼都具有自己独特的声音，这声音与群体内所有其他成员的声音都不同。但是，当狼群深情地嚎叫时，它们却成为一个最完美的整体。狼群虽然有严格的等级制度，也是最注重整体的动物，但这也丝毫不妨碍它们个性的发展和展示。即使是具有最大权力的阿尔法狼（头狼），也没有权力去要求其他的狼模仿自己的声音嚎叫，也没有权力去要求其他的狼模仿自己的行为。

资料来源：百度百科：《狼》。

第二节　团队精神具备目标导向功能

一、团队精神对个人目标有导向性

（一）团队精神使个人目标具有持续性

在团队中，存在各种性格的人员，由于不同个体之间因个性特征的差异，团队中的每位成员即使是面对同样的问题，都会存在着这样或那样的差异，而在个人目标上必然会存在广泛的差异。

因此，要想让团队能够长久稳定地发展，就必须要有团队精神作为支撑，让团队中的每位成员都愿意去相信，只有在团队当中与团队其他成员相互合作，才能使自己本身的目标得以延续得更为持久。因为团队不仅仅是简单的一些个体的组合，而是为了共同的目标组合而成的集体，是一个有机的整体。

（二）团队精神使个人目标具有突破性

目标的设定必须遵循合理性和时效性，也就是说，当一个人为自己设定合理目标的时候，需要考虑自己现在的实际情况，同时，也要为达成这个目标而设定一个时间去实现它。这样的目标才是最有效并且最实际的。

第二章 团队精神的作用

> **案例研读**
>
> ### 是什么促使着目标的延续
>
> **案例导读**
>
> 小李是一名进入公司多年的业务主任，每年的业绩也都比较稳定。2008年，省公司开始实行万名精英工程，小李所在团队的主管根据她的实际情况以及一直以来的良好表现，在与她沟通后，为她制定了进入全省万名精英的目标，她也欣然接受了。
>
> 有了明确的目标之后，团队主管不时地鼓励她，问她是否有什么困难，需不需要帮助，业务伙伴们也时常为她加油打气。小李在第一年就冲进了全省的万名精英，并且在之后的3年，每年都能够达成全省万名精英的目标。
>
> **案例解析**
>
> 小李进入公司多年业绩一直都比较稳定，但却很难有所突破。2008年，小李正好赶上省万名精英工程。团队主管不仅为其制定了进入全省万名精英的目标，更是不时地督促并鼓励她，团队的伙伴们也是对其能够达成目标充满信心。在这样的鼓励和帮助下，小李重新树立了目标，大有"不达目标，誓不罢休"的劲头，并最终取得成功，连续几年达到了全省万名精英的目标。
>
> **案例结论**
>
> 团队精神的力量是无穷的，它能够感染团队中的每一位伙伴，激励团队成员以更饱满的热情投入到工作中；它能够激发人的斗志，使其内心渴求成功，并尽其所能地发挥潜能朝着目标不断努力，从而突破自己创造辉煌；同时，它还能够促进团队成员之间相互鼓励，从而达到共赢的目的。

当个人目标在团队精神的鼓舞下达成之后，并不代表着个人目标的终止，因为目标是需要随着自身的变化而进行调整的，若你目前的能力已经远远超过了你当初设立目标时的能力，在这种情况下，团队会帮助你对个人目标进行调整，去挖掘自身的潜能，突破原本制定的目标，而向一个新的目标去争取、去努力。在达成目标的同时，也让自身的能力得到了再次的提升，而这种提升，正是由于你所在的团队拥有着很好的团队精神，它促使你不断地进步，并调整你的个人目标，挑战自己，让自己获得成功。

案例研读

是什么促使目标的突破

案例导读

小陈已经进入公司一年多的时间了，虽然每天都来参加早会，而且在团队中人缘非常好，但是一直以来业绩总是不温不火，她给自己设定的目标总是不高，基本上每次考核都能够通过。

团队的主管在分析了她的情况之后，觉得她是一个很有潜力的伙伴，只是她的个人目标设定得太低，因此，主管专门找她进行了谈心，了解她的具体情况，并在一次大早会上，要求所有成员都为自己设立一个新的目标，现场的氛围非常好，几乎所有的伙伴都重新为自己设立了目标，而小陈也为自己设立了新的目标——要在下一个季度晋升为组经理。

在团队主管和组训的帮助下，小陈通过自己的努力，完成了自己设立的目标，在下一个季度的考核当中，顺利地晋升为组经理。

案例解析

小陈一年多来进步不是很明显，仅仅是通过了考核的边缘，这对于她未来的发展是相当不利的。她的主管及时发现了问题，并根据她的情况为其制定了成为主管的目标，最终，大家一起鼓励和帮助她实现了这个目标。

案例结论

小陈在团队中一直不温不火的主要原因是没有一个明确的发展目标，对于自身的定位不准，因此，在她的主管为她定下目标之后，她有了前进的动力，同时，在团队其他成员的鼓励和帮助下，逐渐找到了适合自己的方法，并最终达成了定下的目标，实现了自身的突破。

二、团队精神对团队目标有导向性

> **小贴士**
>
> 　　人们曾经认为，修建一条从太平洋沿岸到世界最长的山脉——安第斯山脉的铁路是不可能的。但是一个波兰血统的工程师欧内斯特·马林诺斯基却以实际行动对这个想法发起了挑战。1859 年，他建议从秘鲁海岸卡亚俄修一条到海拔 15000 英尺高的内陆铁路，如果成功了，这将是世界上海拔最高的铁路。
>
> 　　安第斯山脉险情四伏，其海拔高度已使修筑工作十分困难，再加上严酷的环境、冰河与潜在的火山活动，使修建工作更是困难重重。只经过一小段距离，山脉的高度就从海平面一下子上升到一万英尺。在这个险峻的山脉中，要把铁路修到海拔高处，需要建造许多"Z"形线路和桥梁，开凿许多隧道。
>
> 　　然而，马林诺斯基和他的团队成功了。整个工程大约建了 100 座隧道和桥梁，其中的一些隧道和桥梁是建筑工程上的典范之作，很难想象在如此起伏巨大的山地中竟然能靠那些较为原始的工具完成这个工程。今天，铁路仍然在那儿，它是修建者"以一当十"的证明。无论修建过程中发生了什么，马林诺斯基和他的团队从来都没有放弃过。
>
> 　　*资料来源：百度百科：《永不言弃》。*

（一）团队精神推动团队实现目标

　　一个团队如果没有明确的目标方向，就如同航海时没有灯塔，很容易迷失方向和失去效率。明确团队的目标方向，不但能使团队成员团结一致向前看，而且能充分调动其积极性，发挥其才干和潜能，自觉克服一切困难，使团队达到高效。因此，当团队在设立了明确的目标方向之后，要想实现这个目标，就必须利用团队精神去指引团队成员，为团队能够最终达成目标而共同努力。

　　有人做过一个调查，问团队成员最需要团队领导做什么，70% 以上的人回答，希望团队领导指明目标或方向；而问团队领导最需要团队成员做什么，几乎 80% 的人回答，希望团队成员朝着目标前进。由此可见，团队目标的实现，关键是需要团队对于团队成员的指引，而团队精神正是推动团队去实现目标的"助推器",只有充分利用好团队精神,团队才有可能最终完成设立的目标。

(二)团队精神促进团队超越目标

陈主管为自己的团队设立了成为"皖南第一大部"的目标,并为此目标制订了一系列的详细计划和举措。在某年开门红初期,她主管的分部的业绩不是很理想,在全省的排名也只在20名开外,陈主管及时发现了问题,并通过大早会激励和对精英进行家访的方式,与团队成员进行了沟通,并再次重申打造"皖南第一大部"的目标。也正是她为团队制定的目标,使得每位属员都感受到了陈主管的用心,每一位属员都行动起来,在短短的一个月内,分部的业绩稳步上升,排名也一下子冲到了全省第三,远远超出了当时预定的目标。

由此可见,想要成为一支优秀的团队,首先必须是一支拥有优良团队精神的团队,当他们面对着困难的时候,不会想到要退缩、要放弃,而是勇敢地去面对,因为他们相信自己的团队,即使是再大的困难,只要团队成员团结一心,就一定能够渡过难关,突破自己,完成以往被认为是不可能完成的任务。而这样的情况,必然会出现在一支团队精神浓厚的团队当中。

第三节 团队精神能够凝心聚力

一、团队精神产生凝聚力

团队凝聚力是无形的精神力量,是将一个团队的成员紧密地联系在一起的看不见的纽带。团队的凝聚力来自团队成员自觉的内心动力,来自共识的价值观,是团队精神的最高体现。

在泉州,很多人跳槽并不都为薪酬问题,而是感到企业的长远目标和梯队架设意图太模糊,导致他们缺乏事业归属感。因为没有共同的事业愿景,员工长时间处于被动工作状态,其工作乐趣和热情便逐渐湮灭殆尽。同时,许多企业老板又忙于应付业务,忽略了人性化的管理,造

成员工之间、员工与上司之间因缺乏良好沟通而导致人际关系的紧张甚至恶化。多数企业由于只注重教条化控制行为规范的"管",而缺乏适应自然平衡规律的"理",久而久之使得员工的心境发生了微妙的变化,如果得不到及时、正确的疏导,往往就会激起员工的抵触对抗情绪,进而影响到企业团队的凝聚力。

(一) 归属感

热爱团队是团队精神的基础和前提。只有热爱团队的人,才能产生与团队休戚相关、荣辱与共的真感情,真心实意地与团队同甘共苦,始终站在团队的立场克服个人利己思想,时时处处以团队利益为重。只有热爱团队的人,才能视团队声誉如生命,自觉维护团队的社会形象。因此,热爱团队也是一种团队精神的体现。

作为团队中的一分子,如果不融入这个群体中,总是独来独往,唯我独尊,必定会陷入自我的圈子里,自然无法体会也得不到友情、关爱和同事的尊重。一个具有独立个性的人,必须融入群体中去才能促进自身发展。要真诚、平等地与人相处,对待每一个人,不管他是普通同事还是上司。周围的每个人都可能对你的事业、前途产生关键性影响,不仅限于主管和公司高层。而且你的和善友好会给团队带来一股轻松快乐的气氛,可以使同事们感到愉快,从而提高士气。

> **案例研读**
>
> **什么样的团队才像家**
>
> **案例导读**
>
> 　　王主管是一名资深的主管，她的团队从刚建成时的 4 人，逐渐发展到现在 30 人的大团队，而且团队成员之间总是相处得非常和谐、友好。当有人来问王主管，为什么她的团队能够有如此好的团队氛围的时候，她的回答很简单："要让我的团队有一种家的感觉，成员之间就是家人的关系。"
>
> 　　这样朴实的回答，却非常深刻地体现出王主管对于团队的用心，在她的团队当中，没有上下级之分，都是平等的家人，谁有困难，其他的成员都会去帮助她，这样才使得她的团队能够逐步地发展壮大，她的属员也不愿意离开这样的团队，用她的一位属员的话来说，这里是我的第二个家。那么，是什么让这支团队充满温馨呢？
>
> **案例解析**
>
> 　　王主管为团队营造了一个彼此信任、互帮互助的氛围，使团队成员产生强烈的责任感和归属感。团队就像一个大家庭，充满温情，谁都不愿离开这个家庭，都愿意为团队奉献自己的一份力量，在这样的氛围下，团队就会呈现一种和谐、团结的状态，即便是刚刚进入团队的成员，也能感受到这种家的氛围，对团队的发展起到至关重要的作用。
>
> **案例结论**
>
> 　　团队精神可以促使归属感的形成，使团队成员荣辱与共、同甘共苦。而彼此的信任和尊重让团队成员在心理上得到了极大的满足，从而对团队产生深深的依恋和责任，进而把团队视为一个大家庭，彼此为了共同的目标而努力奋斗。

（二）信任度

　　小张是一位刚进入公司不久的新人，对于很多的事情都不是很熟悉，展业技能也不是非常得好，虽然手上有不少的客户资料，但是迟迟不能出单。

　　她的增员者也是一名才进入公司半年的销售人员，因此对小张的帮助也不是很大,所以她找到了自己的主管程主管,希望她能提供帮助。

程主管对小张的情况不是很了解,所以主动去找小张谈心,但是小张由于担心程主管会把自己的客户单子抢走,不敢让程主管去陪访。程主管在发现这个问题之后,通过家访等方法,逐步打消了小张的顾虑,最后在程主管的陪同下,签下了自己的第一张保单。

信任的建立是需要一个过程的,要想赢得他人的信任不是一件容易的事情,这就需要自身的多努力和付出。作为一名主管,不能仅仅是在口头上要求自己的属员去相信你,而是要为他们作出榜样,付诸行动,在团队精神的感召下,让他们真正体会到团队成员之间是可以相互信任、相互帮助的。

要想让自己的团队成为一支有凝聚力的团队,能够长久地发展,团队成员之间就必须建立一种必要的信任,这就包括主管与成员、成员与成员之间的信任,而这就更需要团队中有团队精神的存在。

二、团队精神提升凝聚力

(一) 荣誉感

一个没有荣誉感的团队是没有希望的团队,一个没有荣誉感的团队成员不会成为一名优秀的成员。西点军校的《荣誉准则》中写道:每个学员绝不说谎、欺骗或者偷窃,也绝不允许其他人这样做。军人视荣誉为生命,任何有损军人荣誉的语言和行为都应该绝对禁止。同样,

> **知识链接**
>
> 有一位英国科学家把一盘点燃的蚊香放进了蚁巢里。
>
> 开始，巢中的蚂蚁惊慌万状，过了十几分钟后，便有蚂蚁向火冲去，对着点燃的蚊香，喷射自己的蚁酸。由于一只蚂蚁能射出的蚁酸量十分有限，所以很多"勇士"葬身火海。但是，"勇士"们的牺牲并没有吓退蚁群，相反，又有更多的蚂蚁投入"战斗"之中，它们前赴后继，几分钟便将火扑灭了。
>
> 活下来的蚂蚁将"战友"们的尸体移送到附近，盖上薄土安葬了。
>
> 过了一段时间，这位科学家又将一支点燃的蜡烛放到了那个蚁巢里。虽然这一次的"火灾"更大，但是蚂蚁已经有了上一次的经验，它们很快便协同在一起，有条不紊地作战，不到一分钟，烛火便被扑灭了，而蚂蚁无一殉难。

如果团队中某个成员对自己的工作有足够的荣誉感，对自己的工作引以为荣、对自己的公司引以为荣，他必定会焕发出无比的工作热情。

在一个优秀的团队当中，团队必然拥有自己的团队精神，也正是有了这种精神的存在，才使得团队成员内心对于团队充满了感情，愿意为团队付出努力，愿意为了团队的荣誉而奋斗。

（二）自我实现

一个孩子如果从小受到良好的教育，青少年期有较佳的学习环境，大学时也能依个人志愿学习有兴趣的科目，走入社会能贡献所长，并时时关心社会与他人，那么这样的人通常能达到自我价值实现的境地。人本主义心理学家马斯洛认为，当人在满足生理、安全、归属、尊重的需求后，人生追求便达到顶峰的境界，就是自我价值实现。

在当今社会，想凭借一个人的力量去完成一件有意义的事情或是实现一个远大的目标是非常困难的，要想取得成绩，就必须依靠团队的力量。只有在一支拥有强大的团队精神的团队当中，成员之间相互鼓励、相互协作，为了达到同一个目标而共同努力、共同奋斗，才能最终实现自我，甚至超越自我。

> **知识链接**
>
> 在登山的过程中,登山运动员之间都以绳索相连,假如其中一个人失足了,其他队员就会全力挽救,否则,整个团队便无法继续前进。但当所有队员绞尽脑汁,试了所有的办法仍不能使失足的队员脱险的时候,只有割断绳索,让那个队员坠入深谷,才能保住其他队员的性命。而此时,割断绳索的常常是那名失足的队员。这就是团队精神。

第四节 团队精神产生激励效果

一、团队精神激励团队产生良性竞争氛围

(一)使团队成员更优秀

> **知识链接**
>
> 以美国哈佛大学心理专家梅奥为首的研究小组做过这样一个试验:选定了继电器车间的六名女工作为观察对象。在七个阶段的试验中,主持人不断改变照明、工资、休息时间、午餐、环境等因素,希望能发现这些因素和生产率的关系。实验的结果让人很惊讶,不管外在因素怎么改变,试验组的生产效率一直在上升。这个令人困惑的结果引发了管理学上一场革命。
>
> 经过一段时期的试验和研究,人们终于意识到了人不仅仅受到外在因素的刺激,更有自身主观上的激励。
>
> 当这六名女工被抽出来成为一组的时候,她们就意识到了自己是特殊的群体,是试验的对象,是这些专家一直关心的对象,这种受注意的感觉使得她们加倍努力工作,以证明自己是优秀的、是值得关注的。另外,这种特殊的地位使得六名女工之间结得特别紧密,谁都不愿意拖这个集体的后腿,她们之间甚至形成了一种默契。就这样,个人微妙的心理和团队精神促使着她们的产量上升再上升。这就是著名的"霍桑效应"。

霍桑效应在团队管理应用和领导行为上就是帮助你打造一个真正具有团队精神的队伍，只要你善于利用某一方面对团队进行适当的激励，你就可以得到有力、有效率的队伍，同样，也能发掘团队中工作能力突出、表现优秀的成员，为团队未来的发展做好充分的准备。

如果团队的主管对团队中的一些有潜力的成员采取一些必要的激励手段，使她们觉得自己是被重视的，这就使得她们在主观上产生了一种必须取得好成绩的信念，随之而来的将是她们不断地努力。当然，这些激励手段必须是贯穿其中的，要随时观察她们，一旦出现了稍显放松的时候，就要采取新的方式对其进行不断的激励，这样才能激励团队成员不断进步、不断成长，也能够更加使得团队成员在团队精神的影响下更加优秀。

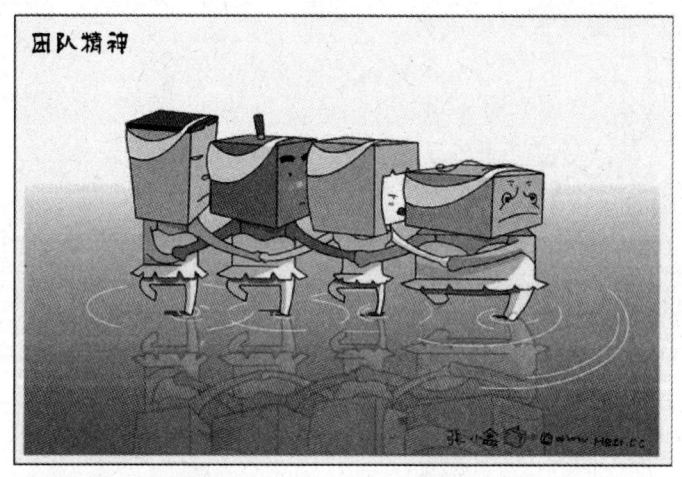

（二）让成员之间相互激励

某团队在一次业务竞赛的最后时刻，其余各项目标都将完成，只有举绩人力这一项还有一点差距，于是，团队的主管专门针对没有举绩的销售人员，在一次大早会上做了一个专题。主管回顾了在几次业务竞赛中团队的优异表现，呼吁所有销售人员能够齐心协力，帮助这些还没有出单的销售人员尽快出单，为团队能够最终达成目标而共同努力。这些销售人员受到了很大鼓舞，同时，其他销售人员也在不时地鼓励着她们，为她们提供帮助，她们的主管也经常利用业余时间陪访或者是练习她们的展业能力。最终，团队在业务竞赛的最后一刻完成了所有的业务指标。

团队精神在很大程度上是为了适应竞争的需要而出现并不断强化的。这里的竞争，往往很自然地被我们理解为与外部的竞争，事实上，团队内部同样也需要竞争。

在团队内部引入竞争机制，有利于打破另一种形式的"大锅饭"。如果一个团队内部没有竞争，在开始的时候，团队成员也许会凭着一股激情努力工作，但时间一长，他发现无论是干多干少、干好干坏，结果都是一样的，每一个成员都享受同等的待遇，那么他的热情就会减退，在失望、消沉后最终也会选择"做一天和尚撞一天钟"的方式来混日子，这其实就是一种披上团队外衣的"大锅饭"。通过引入竞争机制，实行赏勤罚懒、赏优罚劣，打破这种看似平等实为压制的利益格局，团队成员在相互竞争的同时，也起到了相互激励的作用，成员的主动性、创造性才会得到充分的发挥，团队才能长期保持活力。

二、团队精神激励使得团队充满活力

任何一个团队都希望拥有充满激情和活力的成员，问题是团队成员的激情和活力来自哪里？

也许更多的人认为激情和活力可以培养，因为唯有激情可以培养，管理才可能有所作为，更多的团队也才有希望。可以肯定的是，工作激情和活力是后天获得的，而且是与工作本身、工作环境等因素密切相关的，但用"培养"这个词似乎不合适。人的兴趣可以被培养起来，甚至人的热情也可以慢慢培养出来，但激情和活力是一种强烈激动的情感，是一种受到特定刺激之后的强烈地迸发出来的情感，所以，工作激情和活力是被激发的而不是被培养的，团队是否充满活力，取决于是否对团队有足够的激励。团队成员的激情和活力并不是一经激发就可一劳永逸的，激情和活力被激发时非常地高涨，但激发的因素一旦失去或改变，激情也会随之消失，而且同样的激发因素也很难有持续的激发力。因此，利用团队精神保持持续激发，并不断寻找新的激发点是激励成员，使成员充满激情和活力的关键。

三、团队精神激励提升团队士气

团队是整体的概念，又有别于一般的群体，团队是为一个共同的目标和为实现这个目标而走到一起的队伍。团队的核心是共同奉献，没有这一点，团队只能是松散的个人的集合。团队精神是团队成员共同的归属感与成就感，它能带来高昂的士气，是团队凝聚力的高度体现。

团队的士气指个人以身为团队的一分子为荣，个人受到鼓舞并拥有自信、自尊；组员以自己的工作为荣，并有成就感与满足感；有强烈的向心力和团队精神。因此，团队士气不仅是维持团队存在的必要条件，而且对团队潜能的发挥有重要的作用。团队主管应该时刻利用团队精神，对团队成员进行激励，提升团队的士气，这样才是一个真正高效、有战斗力的团队。

第五节 团队精神可以控制行为

团队精神所产生的控制功能，是通过团队内部所形成的一种观念的力量、氛围的影响，去约束规范、控制个人的个体行为。这种控制不是自上而下的硬性强制力量，而是由硬性控制转向软性内化控制，由控制个人行为转向控制个人的意识，由控制个人的短期行为转向对其价值观和长期目标的控制。因此，这种控制更为持久、有意义，而且容易深入人心。

一、团队的基本约束

（一）制度、法律法规的约束

现代管理学认为，科学、规范的管理制度，是团队内部的法规，是团队全体成员共同遵守的规则。如果团队内部管理制度不健全，成员行为方式正确与否就没有衡量尺度，久而久之，就会形成团队的内耗，影响团队的协作力，从而影响团队整体工作效率。

要真正实现制度管人，而不是人管人，即实现从人治到法治的根本转变，建立合理的管理规则。管理的真谛首先在"理"，其次才是"管"。管理者的主要职责就是建立一个合理的管理规则，能让每个成员按照规则自我管理。管理规则要兼顾团队利益和个人利益，并且要让个人利益与团队整体利益统一起来。责任、权利和利益是管理平台的三根支柱，缺一不可。

国家也出台了相关的法律法规，如《中华人民共和国保险法》，成立了相关的监督管理部门——中国保险监督管理委员会，对于保险公司及保险从业人员进行监督和管理。

因此，作为一名称职的保险销售人员，就必须要了解自己的行为不仅关系到自己的工作，更关系到公司，关系到整个保险行业，在团队精神的影响下，在日常工作中，会时刻注意自己的行为，要让客户对我们保险销售人员有良好的印象。而作为团队的主管，更应该利用日常的时间，利用团队精神对团队成员进行教育，在团队中形成一种良好的规范展业氛围，这样才能使得团队的发展更为健康。

（二）基本素质和职业道德的约束

作为一名合格的保险销售人员，就应该具备以下基本素质：一是专业的形象，二是扎实的专业知识，三是良好的品德，四是时刻保持积极的心态，五是有敬业乐业的精神，六是有自律性。

而保险营销员的职业道德指代理人在代理保险公司的业务中，处理本人与客户、同事、公司、同行之间关系时应遵循的行为规则。具有鲜明的职业特点、多样化的表现形式、相对的稳定性。

对于销售人员来说，基本素质和职业道德在我们的日常工作中具有很重要的指导性，也对销售人员的自身提出了更高的要求，只有在不断提高自身素质和涵养的基础上，才能更好地为客户服务，让客户放心地将保单交到我们的手上。

那么，我们如何让销售人员做到自律呢？加强素质教育，无疑是最有效、最直接的方法。比如我们对于刚进入公司新人的岗前培训，以及经常在职场中进行的一些规范展业的培训，就是在无形中让销售人员产生一种自律性的过程，在自己日常的工作当中能够真正做到合理规范展业。与此同时，利用好团队精神在团队中创造出的良好规范展业氛围，使得团队成员之间相互监督，从而逐渐养成自律性。

二、团队成员的自我约束

（一）意识转变

> **小贴士**
>
> 破窗理论：如果有人打破了一个建筑物的玻璃窗户，而这扇窗户又得不到及时的修理，别人就可能受到某些暗示性的纵容去打烂更多的玻璃窗户。久而久之，这些破窗户就会给人造成一种无序的感觉。这个理论说明，团队管理需要一定的约束力，对于违背规章制度的行为，应该及时制止，否则长期下来，一些不良风气就会滋生、蔓延。

为了避免团队中出现小贴士中这样的情况，我们就应该提前做好预防措施。第一，团队的管理必须以遵守公司的规章制度为前提。每个人的成长都必须伴随着公司规章制度的引导和规范，也就是自觉遵循我们的《保险法》。第二，团队必须要有一个为之共同奋斗的愿景，每个成员都要明确这支队伍的目标，当然目标也要建立在每位成员意愿的基础之上，大家有了共同的目标，自然会自觉努力，求同存异，进行自我约束。第三，团队管理者作为队伍的灵魂人物，也可以通过自身的领导力和感召力对员工的日常行为进行规范和约束。第四，在团队中建立归属感，让每一位属员在清楚自己角色的基础上，留住属员的心。团队主管应积极帮助属员进行职业生涯规划，让属员清楚自己未来的发展方向。只有属员能更好地开发自己的潜能，实现自我价值，才能为组织带来更多的价值。

当销售人员在自我意识上有所转变，真正认识到自己的行为不仅关系到自身，更关系到团队、公司甚至是整个寿险行业的时候，那么，在他的工作当中，也就很自然地遵循正确的方法，利用自己合理规范的展业技巧来打动客户。也正是由于团队精神的存在，使得团队成员从团队利益着想，时刻注意自己的行为，在意识上完成了转变，从而为团队共同发展创造更好的条件。

（二）习惯养成

有一个学徒跟着师傅学理发，师傅吩咐他每天都用一个南瓜作为练习的对象，每次练习结束之后，他就习惯性地把剪刀直接插在南瓜上，久而久之，学徒的技艺有了长进，师傅打算让学徒开始给客人理发。一天，店里生意很好，师傅忙不过来，于是，师傅就安排学徒给一位客人理发，学徒也很争气，客人对他的技艺很满意，就在学徒快要理发结束的时候，师傅喊他过去帮忙，于是，他很顺手地就把剪刀往客人的头上一插……

由此可见，良好的习惯对于任何人来说，不管是在生活中还是在工作中，都能起到非常重要的作用。

对于销售人员来说，良好的工作习惯，是让自己的工作能够迅速高效、持久进行的重要原因，例如在与客户签单之后，拿到保费不能立马就想到要回公司，而是应该再多陪客户一会，希望客户能够提供一些转介绍的名单，这样，既能为自己接下去的工作提供更多的便利，也会让客户对于你的服务满意。而养成良好习惯的最好方式就是多加练习，充分发挥团队精神，对新人和技巧不熟练的销售人员，利用职场演练的机会，使他们的技巧和方法能够良好地融合，顺利地给客户表达自己的想法，这样才是取得成功最简单也是必须要经历的方式。

知识回顾

- 团队责任感就是在一个团队里，个人感觉对他人的关怀和义务。
- 团队凝聚力是无形的精神力量，是将一个团队的成员紧密地联系在一起的看不见的纽带。
- 热爱组织是团队精神的基础和前提。
- 团队想要得到发展，就必须在团队精神的激励下，充分激发每个成员的潜力。
- 团队精神所产生的控制功能，是通过团队内部所形成的一种观念的力量、氛围的影响，去约束规范、控制个人的个体行为。

学以致用

周鹏飞通过本章的学习，终于体会到了团队精神的重要作用。同时，充分利用团队精神让团队成员拥有责任感，引导团队成员去实现团队的目标以及个人目标，让团队有凝聚力。团队时刻都需要激励，特别是在业务冲刺的时候，激励就显得尤为重要。

第三章 团队精神建设的基础

- 团队精神建设的三大要素
- 团队文化引领团队精神
- 团队精神建设的基石

关键术语

团队制度　团队文化　学习型团队

知识要求

◆ 了解团队精神建设的三大要素
◆ 理解团队文化对团队精神产生的影响
◆ 掌握学习型团队的重要意义

技能要求

◆ 学会建设学习型团队

> 周鹏飞主管通过学习，知道了什么是团队精神及团队精神的作用，他认识到团队精神建设很重要，也迫不及待地希望逐步建设团队精神。但是，建设团队精神需要具备哪些条件？应该从哪些地方着手呢？建设团队精神需要奠定怎样的基础？本章将为您进一步阐述。

第一节　团队精神建设的三大要素

团队精神的建设是一种意识行为,在建设独具特色的团队精神之前,有一些必要因素不可或缺。

一、团队成员

人是构成一个团队最基础的要素,也是形成团队精神的基本要素。不同背景、不同角色、不同思维、不同经验、不同知识、不同技能、不同体能的人员,通过分工以及实现分工的工作内容来完成团队的共同目标。

因此,在招募团队成员时除了对学历、年龄、工作经验等硬性指标的考量以外,还要对应聘者自身的形象、素质、应变能力、阅历和知识等多方面进行考评,同时还要考虑整个团队成员的优化组合效率。一个成功的团队需要三种不同技能类型的成员:一是具有技术专长的成员;二是能发现问题、提出解决问题的各种方案,并能进行有效决策的成员;三是善于倾听、反馈、解决冲突及其他人际关系技能的成员。

比如在一些团队中有业绩优秀的销售人员,其业务能力极强,对他人有很好的表率作用,而他的专业也可以帮助其他的销售人员快速进步；同时团队中也不缺乏善于发现和解决问题的高手以及擅长维护伙伴之间亲密关系的成员；另外团队中还有一些平时默默无闻、积极参与、无私奉献的成员，也许他们没有产生太多的实际业绩，但有了他们的存在可以充实团队的人气和士气；有一些团队中不乏许多心地善良的销售人员，在社会上做了很多关爱客户、回馈社会的种种善事，无形中也提高了寿险从业人员和所在公司或团队的美誉度。这样的组合才是完整的组合，可以保证团队在发展壮大的过程中绝大部分伙伴不掉队，从而保证团队的健康发展，为团队精神的建设打下基础。

知识链接

"个性"是团队的天敌

对于多数管理专家而言，《西游记》中的唐僧师徒组合不能算是一个合格的团队：其团队成员要么个性鲜明，优点或缺点过于突出，实在难以管理；要么缺乏主见，默默无闻，实在过于平庸。但就是这么一群对团队精神一窍不通的"乌合之众"、"个性"突出的典型人物组合在一起，克服了常人难以想象的种种困难，最终完成任务取回了真经！

但从团队成员互补的角度来看，作为团队领导人和协调者的唐僧，虽然处事缺乏果断和精明，但对于团队目标抱有坚定信念，以博爱和仁慈之心在取经途中不断地教诲和感化着众位徒弟。团队中明星成员孙悟空是一个不稳定因素：虽然能力高超、交际广阔、疾恶如仇，但桀骜不驯，喜欢单打独斗。孙悟空对团队成员有着难以割舍的深厚感情，同时有一颗不屈不挠的心，为达成取经的目标愿意付出任何代价。也许很少有人会意识到，猪八戒对于团队内部承上启下起着多么重要的作用，他的个性随和健谈，是唐僧和孙悟空这对固执师徒之间最好的"润滑剂"和沟通桥梁，虽然好吃懒做的性格经常使他成为挨骂的对象，但他从不会因此心怀怨恨。至于沙僧，每个团队都不能缺少这类员工，脏活、累活全包，并且任劳任怨，还从不争功，是领导的忠实追随者，起着保持团队稳定的基石作用。

资料来源：百度百科，2010-05-03。

每个团队成员都会有个性，这是无法也无须改变的，而团队精神建设的第一大要素就是在于发掘团队成员的优缺点，根据其个性和特长合理安排工作岗位，使其达到互补的效果。

二、团队制度

（一）团队制度规范和激励成员的向心力

如果说拥有各种互补型成员是团队精神建设最基本的要素，那么如何管理这些成员，制定良好的规章制度就是团队精神建设的保证因素。制定制度的目的是通过一些方法来规范和激励团队成员的向心力。

小主管管事，大主管管人。在团队规模小的时候，团队主管既要是专业高手，善于解决各种各样的销售问题，还要通过传、帮、带的方式实现人管人；在团队规模较大的时候，团队主管必须通过立规矩、建标准来实现制度管人。

所谓"强将手下无弱兵"，没有不合格的兵，只有不合格的元帅，一个好的管理者首先是一个规章制度的制定者。规章制度也包含很多层面：纪律条例、组织条例、财务条例、保密条例和奖惩制度等。好的规章制度可能体现在执行者能感觉到规章制度的存在，但并不觉得规章制度会是一种约束。

规章制度的制定是用来规范人的行为的，不是一纸空文，更重要的在于执行。寿险营销团队中经常会有一些销售人员因为业绩优、事务多而找出许多不参加会议和学习的理由，出勤率不高，影响了团队其他成员对制度遵守的积极性，作为精英销售人员更应成为遵守团队制度的示范者。同样，团队主管虽然是规章制度的制定者或监督者，但是更应该成为遵守规章制度的表率。如果团队主管自身都难以遵守，就无力要求团队成员也去做到。

没有执行力就没有竞争力。东北一家国有企业破产，被某国财团收购，厂里的人都翘首盼望着新的投资方能带来让人耳目一新的管理办法。出人意料的是，投资者来了，却什么都没有变——制度没变，人没变，机器设备没变。投资方就一个要求：把先前制定的制度坚定不移地执行下去。结果不到一年，企业扭亏为盈。投资方的绝招是什么？执行，无条件地执行。投资方的聪明在于，他们排除了所有羁绊，一针见血地抓住了团队的本质。

团队精神并非不值得经历这些艰辛，如果团队主管没有勇气强迫团队成员去实现团队精神所需的条件，还不如彻底远离这个理念。不过，这又需要另一种勇气——不要团队的勇气。

（二）如何制定合理的制度以保证团队精神的塑造

1. 结合团队文化

制度是灌输和贯彻团队文化的一条重要渠道。例如，在强调"奉献"的团队里，制度就应该多一些反对私利、打击因私损公，而倡导公的内容；在强调"沟通"的团队里，制度就应该多一些反对自我封闭、打击地盘主义，而倡导团队凝聚的内容；在强调"创新"的团队里，制度就应该多一些反对故步自封、打击过分经验主义，而包容某些失败，倡导学习的内容……反过来讲，离开了团队文化的制度就没有生命力了。

2. 与团队发展阶段相适应

在不同的发展阶段，团队会面临不同的阶段性任务，相应地就不可避免地要应对不同的问题。制度这时的作用是保障团队在这个阶段的运营，圆满完成阶段性任务。例如，在成长阶段的团队中大多强调销售，这时的制度应该偏重销售方面，"能抓住老鼠的猫就是好猫"，而其他的某方面则应该包容；而在发展已经成熟的团队中，更加注重整体协调，所以制度就必须考虑全局，注重综合治理。

3. 与团队资源相适应

制度的功能之一就是不断促进团队资源的完善，而不是无谓地消耗资源。就拿人才来说，当团队处于人才缺乏时期的时候，在制度的某些方面就必须考虑到包容性，不要人都让制度罚走了、吓走了，那样谁还为团队做事？而在人才充沛的时候，就要考虑到对人的综合要求，如制定合理的会议出勤制度等。

4. 充分考虑到市场因素

这是很多团队制度中所缺乏的，所以一线工作人员常常会有所抱怨：办理某个手续需要签 N 个字、带 N 多份资料……每个团队因自身业务组合、主力业务及盈利模式等的差异会形成不同的作业流程。制度在这里的任务就是充分保障作业流程的顺利实施，也就是说手里拿着笔，眼睛却要盯到市场上去、盯到一线去，这样出来的制度才不会成为效率的"绊脚石"，而且将促进效益提升。

三、团队合作

众所周知，在赛龙舟时，裁判员一声哨响，每方队员都奋力向前，我们在他们每个人身上都看到了一种团结协作的精神，这便是团队精神体现的典范。

现在，团队合作就是竞争力，这也是建设团队精神必须具备的一个要素。随着市场竞争的日益激烈，团队更加强调团队精神，建立群体共识，以达到更高的工作效率。特别是当遇到大型项目时，想凭借一己之力去取得卓越的成果可能非常困难。如果我们与大雁一样聪明的话，我们就会留在与自己目标一致的队伍里，而且乐意接受他人的协助，也愿意协助他人。在从事困难的任务时，轮流担任与共享领导权是有必要的，也是明智的，因为我们都是互相依赖的。应通过塑造齐心协力、合作共赢、无私奉献的团队精神去实现团队的目标。

故事分享

大雁的启示

一只雁鼓动双翼时，对尾随的同伴都具有"鼓舞"的作用。雁群排成 V 形时，比孤雁单飞增加了百分之七十一的飞行距离。当带头的雁疲倦了，它会退回队伍，由另一只取代它的位置。队伍中后面的大雁会以叫声鼓励前面的伙伴继续前进。当有雁只生病或受伤时，其他两只雁会由队伍飞下协助及保护它。这两只雁会一直伴随在它的旁边，直到它康复或死亡为止。然后它们自己组成队伍再开始飞行，或者去追赶上原来的雁群。

当然，不能认为只要采用团队协作，一夜之间就会出现奇迹。一支球队在经受重大比赛考验之前，总是需要先打几场热身赛。团队的组成不是一个人，如何融入团队，和其他成员共同努力、精诚协助是件看起来很容易的事情，可事实却大相径庭。

钓过螃蟹的人或许都知道，篓子中放了一群螃蟹，不必盖上盖子，螃蟹是爬不出去的，因为只要有一只想往上爬，其他螃蟹便会纷纷攀附在它的身上，结果是把它拉下来，最后没有一只能够出去。团队中也会有一些人，嫉妒别人的成就与杰出表现，天天想尽办法破坏与打压，如果不予去除，久而久之，组织里只会剩下一群互相牵制、毫无生产力的成员。

在寿险营销团队中一些工作时间久、以往业绩较好，但现在因为种种原因成为了低绩效的销售人员，总是停留在过去的辉煌中，幻想着时光和环境能回到过去，而不去分析问题、解决问题，总是在团队中散播负面的情绪，不停地抱怨，不良情绪的传染会导致团队中其他成员的情绪低落，特别是新加入团队的成员更是会产生畏惧心理。

因此对于团队中的不知悔改的成员，应该尽早清理出去。对于团队而言，也许历史尚短，还没有形成成熟的团队文化，从而造成大环境的不良风气，但是在团队内部，通过大家的一致努力，完全可能营造出一个积极进取、团结向上的合作氛围。

小贴士

团险业务的开拓常常不是某一个人能够完成的，需要团队的齐心协力，分别去公关、洽谈、提供专业服务、满足客户特定需求等。例如，某市寿险公司团险部在开拓一家大型企业团体医疗补充保险时，投保单位提出要建立专业化信息平台的要求，而对于当时的团队来说并不具备这样的能力。这时由一线销售人员负责对方关系的维护，团队成员共同制定出符合对方需求的专业化投标文件等，团队主管积极寻求上级部门的支援，由省公司团险部出面协调，请求总公司支援，迅速开发和搭建出满足客户需求的信息平台，实现了一次千万团单的完美运作。

第二节 团队文化引领团队精神

团队文化犹如团队的灵魂,是团队成员之间相互理解、共识的产物,是团队精神、团队价值取向及行为方式的总和。团队文化的建立有助于团队成员树立正确的价值观,形成良好的风气。

团队文化一旦形成,就会成为一只"无形的手",实现对团队成员的"软"管理,像海尔员工理解认同了团队"真诚到永远"的文化,所以在为客户提供服务的时候会自觉地去执行公司的规定。这从一个侧面反映了团队文化对人的行为也就是执行力的影响。

一、团队文化是团队精神建立和发展的基础

(一)每个团队都有自己的文化

一个成功的团队必然有一个成功的团队文化,许多世界知名团队都有着浓厚的团队文化氛围,诸如松下、惠普、诺基亚、海尔等无不是这方面的楷模。有远见的领导十分重视团队文化建设,他们意识到团队文化是一种凝聚人心、提升团队竞争力的无形力量和资产,是团队生存和发展的原动力。

团队文化的主要内容是团队价值观、团队精神、团队发展理念、团队发展战略、团队人才观念、团队风尚(团队意识)、团队成员共同遵守的道德行为规范。建立一个良好的团队文化,创建一个用知识的力量、科技的力量来推动团队的发展,是知识经济时代对团队管理、社会进步提出的基本要求。团队文化是一个团队或一个组织在自身发展过程中形成的以价值为核心的独特的文化管理模式,是一种凝聚人心以实现自我价值、提升团队竞争力的无形力量和资本。

(二)团队文化是团队精神建设的基础

团队文化建设与团队精神建设是一个不可分割的组成部分,在知识经济时代,团队要想获得持续的发展,仅仅依靠其体制的科学性是不够的,还需要建设一种全新的团队文化,并努力使这种文化

得到大多数成员的认可,否则,团队精神的形成是根本不可能的。任何成功的团队,文化建设是团队成功的一个必要的前提条件。团队文化建设是知识经济时代团队发展壮大和提高管理水平的一种必然趋势。

历史沉淀为传统,传统沉淀为文化。文化不是被创造出来的,而是始创者的思想进行良性导向的结果和对结果的总结。所以团队文化有的特性有:良性历史能总结、阶段时间可变化、价值观高于一切、个性化与目标统一和谐等。

团队文化是团队精神建设的基础,同时团队精神通过团队的口号、旗帜、标语、歌曲、刊物等内容来体现文化的内涵。寿险行业更需要通过文化来促进事业的发展,如中国人寿保险股份有限公司一直秉承着"成己为人、成人达己"的文化理念,致力于实现企业、团队、成员和客户的多方共赢。以打造国际顶级金融保险集团为共同目标,不断培养企业和团队中争先进优的氛围,促进团队成员的相互信任与激励。而在公司系统内更是不乏许多优秀的团队文化,如温州银海团队的"家文化"、安庆飞龙团队的"飞龙文化"、深圳朝霞团队的"太阳系明星文化"等,这些文化的塑造都在团队中形成了一种无形而有力的团队精神来促进团队的高效发展。

案例研读

各具特色的团队文化

案例导读

任何一个团队的发展都会有自己鲜明的特点,将这些鲜明特点归纳为团队文化,也就形成了个性化的团队文化。以下是各团队独具特色的团队文化:

1. 银海团队"家文化":所有伙伴都是一家人,逢年过节都会举办各种活动,如每月举办庆生会,让每位成员开开心心过生日;每季度不定期举办团队旅游,让各位成员感受大家庭的温暖;每年8月8日举办部庆,载歌载舞欢庆生日;每年年底举办家属联谊会,欢声笑语分享一年的喜悦和收获。很多伙伴都说,银海就是我的家,发展靠大家。银海团队有一个共同的目标,那就是尽已所能捍卫银海"全国第一团队"的品牌。

2. 江苏高淳公司团队文化:"打造诚信公司 争做诚信员工",其精髓是"目标管理"和"追踪体系";其结果是提前完成了"5211目标",成为2008年江苏省为数不多的提前达标单位。

3. 安庆飞龙部文化:"育保险专业人才、聚宜城各界精英、创民族营销之路、做安庆百万富翁"。

4. 泾县公司与绩溪公司团队文化:"热血、团结、忠诚、争胜";实现"小公司大作为"的领导评价;提出"我们是穷人的后代,但我们一定要做富人的前辈"!努力打造全宣城最大的血缘团队。

提出问题

为什么这些团队都纷纷创建自己的团队文化呢?

案例结论

综观上述几个案例,几乎所有团队都有自己独特的管理文化和管理理念,而团队文化也是团队能否做大、做强的决定性因素之一。团队文化能够使成员更具凝聚力,使团队更具感召力,就会创造出更多、更好的业绩。

总结先进的团队文化,我们可以得出团队文化建立的内容包括以下三点。第一,确立共同的价值观,涵盖了对伦理、道德的认同,对事业的认同以及对共同成功的渴望。第二,建立共同的行为模式。需要团队事物共同参与和统一的工作标准与行为。第三,建立团队统一的标识。

二、团队文化影响团队精神的价值特征

(一)团队文化引领团队凝聚力建设

团队凝聚力形成的第一原则是确立理念,人格化已经成为现代团队区别于传统团队的一种标志。而理念是团队人格化的一种根本体现,就如同一个人有他的做人原则一样,理念就是团队成员共同信守的团队哲学。没有理念的团队就是没有灵魂的团队,自然,我们无法想象一个没有灵魂的团队会产生强大的凝聚力。团队凝聚力形成的第二原则

> **知识链接**
>
> **团队精神被"真正团队"激活**
>
> 　　2007年，某寿险公司团队上下的销售主管接受了一次高效团队精神铸炼的"真正团队素质训练营"，与一般团队训练完全不同，"真正团队素质训练营"采取心灵冲击法，让学员在一系列挫折与成功的悲喜交错里，打开"我就是团队，团队就是我，我为团队负全责"的信念、铸炼"团队一起，成就更多"的心态，最后成就一支"招之能来，来之能战"的铁军式团队。课程全程采取体验式培训，无论在深度上还是广度上，学员都因能在其中获得成长而深深感动且没齿难忘，他们将把训练营中体悟到的团队理念贯彻到工作、生活当中，从而高效实现目标。培训过后，受训主管们率领他们的属员参与到公司的一次大型活动当中，各个列队进出会场，行动一致，互相照应、支持，据悉那次活动中午送餐推迟将近一个小时，竟然没一个伙伴埋怨，而这在受训之前是从来没有出现过的。
>
> 　　资料来源：广州地平线保险e学网，2007-01-05。

是共同参与。今天的员工对参与团队的愿望明显增强，因为绝大多数人都希望用自己的头脑思考事情，希望有发表意见的机会。

（二）团队文化引领团队竞争力建设

　　团队竞争力是一个团队的动力，因为竞争能调动团队和成员的潜能。当实施改革开放建立社会主义市场经济体制以来，许许多多的团队是从竞争精神的重新培养开始，把竞争精神的培养作为团队改革的第一步。而团队竞争力形成的第一大因素是价值与利益观念，就是说团队必须建立一套适合竞争力提高的观念。

（三）团队文化引领团队创新力的建设

　　如何保持旺盛的创业激情，形成持续不断的创新精神是所有成功团队面临的课题。小富即安制约着今天许许多多团队的发展，但今天的竞争是规模经济的竞争，小富不能"安"，大富也不能"安"，要"富而思进"。在创新精神方面，应培养个人的忧患意识，居安思危，避免因循守旧、故步自封。要让所有成员都意识到即便团队出现辉煌的局面也只是暂时的，稍有懈怠团队就会一溃千里。因此，在当今激烈的市场竞争中，成员只有团结协作、荣辱与共、众志成城，劲往一处使、心往一处想，才能增强团队的战斗力，使团队立于不败之地。

某寿险公司的银保销售团队始终秉承"规模与效益并重、结构与需求并存、发展与创新并举"的原则，在公司推出"511"工作模式后，及时进行了宣导和推广，针对渠道经营的不同特点，采取了"驻点"和"走点"相结合的经营方式。对于竞争较为激烈、网点产能较高的网点，采取"驻点"经营的方式，占据重点网点，提高个人和网点业绩。尤其是对于新人，要求一定要采取"驻点"经营的方式取得经营上的主动权，在网点实际销售中得到更快的提升。因地制宜地采取区别城区与乡镇、地段与片区、近郊与远乡的方法，组建了一支客户经理与片区驻点客户经理相结合的银保队伍，迅速推动银保渠道的建设工作。实现了上级公司提出的"银保渠道是巩固公司地位的主渠道、是推动公司发展的生力军、是强化公司品牌的推进器"的经营理念，并达到"渠道畅通无阻、关系亲密无间、支撑恰到好处、服务令人满意"的效果。

第三节　团队精神建设的基石

汪中求先生在他的《细节决定成败》一书中写道：在创业过程中，"第一代老板靠胆子，第二代老板靠路子，第三代老板靠票子，第四代老板靠脑子。"毫无疑问，进入21世纪，随着科技的进步和知识更新速度的加快，不管是作为创业者，还是守业者，只有不断地学习，更新自己的知识，才能适应日趋激烈的竞争。作为团队成员，也只有不断学习，使自己成为"知识型人才"，才能适应团队发展的需要。

当今时代是竞争十分激烈的时代，同时也是更具协作精神和默契配合的团队精神的时代。只有在一个学习型的团队中才能形成人人积极向上去获取新知识，又互敬互重、互相协作的团队精神，充分调动团队成员的积极性，增强团队成员对团队组织的依恋感，给未来的工作增添新的"润滑剂"。

一、建设学习型团队

（一）学习型团队建设的意义

现存的各种百年老店、国际顶级团队，无一不是学习型组织。惠普公司就是一个典型例子。惠普公司以"不仅用你，而且培养你"而著称，并且还有一个著名的"向日葵计划"，这是一个超常规发展的计划，以帮助中层经理人员从全局把握职位要求，改善工作方式。在惠普，成员一般要经历四个成长阶段：第一阶段是自我约束阶段，不做不该做的事情，强化职业道德；第二阶段是自我管理阶段，做好应该做的事——本职工作，加强专业技能；第三阶段是自我激励阶段，不仅做好自己的工作，而且要思考如何为团队作出更大的贡献，思考的立足点要从自己转移到整个团队；第四阶段是自我学习阶段，随时随地都能找到学习的机会。

总结学习型团队成功的经验，给我们的启示是：一是能以最快的速度从内外资源中学到新知识，获得新信息；二是使公司中层管理人员不断提高学习能力；三是"团队学习"能集思广益，取得最大成效；四是以最快的速度把新知识、新信息应用于工作实践，应用于公司变革和创新，以适应市场和客户的需要。

寿险营销团队中，培训是团队学习的重要手段。培训团队成员是团队管理的基础部分，这对于团队目标的实现非常重要。在团队中尤其是竞赛中需要通过功能小组的工作营造积极的培训氛围，使团队成员乐于培训，确信自己可以做得更好。同时，将培训重心主要放在销售技巧、流程上，并且找出一些独特方法进行针对性培训，尽量使销售流程简单、可复制。

比如银保渠道通过晨会、夕会、例会、专题会、研讨会、取经会等多种形式，达到"政通人和、道畅绩佳"的初衷。对银行、邮政等柜员，侧重于条款及其卖点、营销心理及技能、时新资讯、利好消息等方

故事分享

山雀与知更鸟

20世纪初,英国的乡村有一套牛奶配送系统,将牛奶送到客户门口。由于牛奶瓶没有盖子,山雀与知更鸟常常毫不费力地在客户开门收取牛奶前先一步享用。后来,厂商加装了铝制的瓶盖,山雀与知更鸟便不再拥有这"免费早餐"。但到了50年代初期,当地的所有山雀(约100万只)居然都学会了刺穿铝制瓶盖,重开了"免费早餐"的大门。反观知更鸟,却只有少数学会,始终没有扩大到大多数。很明显,山雀经历了组织学习的过程,借助个体的创新技能,传送给群体成员,成功增加了族群对环境的适应力。但问题是,为什么山雀可以学会,而知更鸟却不能呢?生物学家发现,山雀在年幼时期,就已习惯和同类和平相处,甚至编队飞行,而知更鸟则是排他性较强的鸟类,势力范围内是不允许其他雄鸟进入的,同类之间基本上是以敌对的方式沟通。因此,虽然两者同属鸟类,但和谐相处的山雀比起互相敌视的知更鸟,更能学习互助,进化程度更高。

由此可见,在一个群体之内,如果内部竞争太激烈,成员之间互相争位敌视,就难以发展成一个学习型组织。要成为学习型组织,先决条件是必须有和谐的内部气氛,组织内的成员才能互相分享知识。有些团队的管理者误以为内部竞争越强越好,甚至刻意制造很强的竞争文化,自以为这是高明的管理手段,殊不知这是在带领团队步知更鸟的后尘!我们正是要创立一个真正的学习型组织,轻松和谐、相互学习、团结协作、分享创新。所以在创建学习型团队时需要注意不仅要学习,而且要共同学习;不仅要共同学习,还要分享;核心技术不能掌握在一个人手中,甚至任何一项技术不能只有一个人会,换句话说,离开某一个人就维持不了的团队一定不是一个优秀的团队。

面的培训、演练及发布,采取"以会代训"、"先会后训"、"走出去、请进来"、"培训支撑与督导相结合"等方式,体现"一手抓业绩,一手抓培训,两手都要硬"的目标。

创建学习型团队，就是要从实际出发，学习借鉴国际顶级团队的先进管理经验，以市场和客户需求为导向，积极创新，并建立学习创新成果的共享机制，提升团队整体能力，推动事业不断发展、不断进步。

建设学习型团队，我们需要树立几种意识。首先，人人都要有"学习比天大"的意识，始终把学习作为一种觉悟、一种任务、一种境界、一种责任、一种发展的能力。其次，将学习制度化。公司要有学习制度，个人要有学习计划，分清责任、分级培训。再次，将学习经常化。做到每时每刻坚持不懈、持之以恒，如定期召开的各级会议，以会代训；实行周末学习制度等。最后，还要四个"投入"：必要的精力投入、必要的费用投入、专业人力资源投入、硬件设施的投入。

（二）如何建设学习型团队

建设学习型团队需要我们以团队为中心，提高团队的学习力。就销售来说，分公司的销售人员来自不同的地域，且经历不同，造成人员素质上的较大差异，我们必须通过系统的学习提高能力，缩短人员素质上的差距，统一销售思想，互相取长补短，提高团队的整体水平与协调配合，在销售过程中，我们要不断地学习探索新方法，以适应不断变化的市场，这样才能形成一支强有力的团队。

学习型团队的核心就是员工的学习力，而学习力需要在学习的过程中不断培养与提高，我们必须重视平时的学习。从宏观上讲，总部每个销售阶段都会通过会议下达一些针对性的学习文章，通过学习，我们可以掌握新的销售政策，不偏离总部的销售战略轨道。所以我们要重视总部文件的学习，让每一位销售人员认真领悟集团的政策，在实际的工作中更好地执行落实，发挥政策指导上的市场效应。从微观上讲，就是分公司的实际销售工作，每天的例会中我们都要本着学习的思想去解决销售人员销售中遇到的问题，寻求解决的方法更要把这种方法总结出来。另外就是要组织销售人员学习有影响力的营销书籍，可以组织大家在每天的例会中学习其中的一个篇章，然后结合市场的销售实际进行讨论。在这种学习的过程中，能培养每个人的学习能力，进而打造一支学习型团队。

当然，学习型团队的最终目的是为了服务实际的工作，工作是本，我们不能舍本逐末，因学习而影响到销售工作。我们要不断地用学到的、悟到的知识与经验去开展销售工作，这样才能体验到理论指导实践的快乐。

（三）建设学习型团队的三个重要环节

建设学习型团队需要沟通、指导、重视学习的过程，这三个方面互为一体。

我们销售中一直强调沟通。没有沟通，我们就无法知道团队需要学习哪些方面的知识，无法确定团队学习的重点，"眉毛胡子一把抓"的盲目学习只能是事倍功半；没有沟通，我们就无法更好地领悟学到的东西，并在学习的过程中产生知识创新的超越；没有沟通，我们就无法了解学习成果。工作中，我们不缺少学习，而缺少的是沟通。正因为这些没有沟通的学习，使大家各自为政，思想没有凝聚起来，造成团队智慧力量的分散，大大降低了团队的创新力。所以，作为团队的领导者，我们需要通过沟通来统一思想，以相互之间的用心沟通更好地学习，大家在沟通的过程中产生创新的智慧，提高学习的效率。

指导是主要针对团队的销售主管来说的。能成为团队的管理者，在个人能力上都有过人之处，指导是一个团队带头人的职责。在学习过程中，我们要重视指导，尤其是对新销售人员的指导，他们对市场不熟悉，在学习理解上往往有偏差，这就需要管理者来正确指导，让新销售人员能正确领悟学到的东西，同时还要指正他们实践过程中的一些不足和问题。例如，总部会指导分公司，分公司指导部门，部门指导销售人员。这样才能保证学习型团队的方向与质量。

过程贯穿于沟通与指导之中。我们不能让学习走形式，需要用过程来打造一支强有力的学习型团队。过程的质量决定着学习的质量。除了制订切实可行的计划与目标，更要重视计划的持续落实。例如，每天早夕会中，组织销售人员学习，要充分利用一个或两个小时的时间，激发学习者的学习激情，触发他们每个人内在的潜力。团队主管还要不断总结每天学习的成效，寻找出更好的学习方法。

如果沟通、指导、过程能真正用于建设学习型团队中，那么知识的力量将为我们的团队精神建设插上智慧的翅膀。

二、做学习型人才

只有做学习型的人才才有价值、才有位置，才能不断增值，才能成为团队不可缺少的核心价值。诸葛亮有云："非志无以成学，非学无以广才"，说的也是学习造就人才的道理。通过学习，我们可以获得什么？

（一）学出大视野

视野是指所见事物的范围、见识的广度。视野开阔不开阔，取决于一个人的见识和素养，反映一个人的水平和能力。视野开阔的人志存高远、豪情万丈；视野狭窄的人斤斤计较、鼠目寸光；视野开阔的人着眼未来、掌握全局、运筹帷幄；视野狭窄的人为个人私利争高下、为眼前利益论长短。视野从哪里来？除了学习，别无他途。学习使视野开阔、思想升华、格局放大。眼界决定价值取向，学习决定眼界高低。不学习就不能够胸怀万里山河、就不能放眼世界、就不能胸怀崇高使命，没有视野和一定的境界又何谈奉献，又何谈将自己武装成为一个执行上级政策迅速、落实团队规定坚决的好成员。

（二）学出新境界

一个人的境界决定了其一生的追求，境界高则德行高、修养高，成功的机会和几率也高。学习纵然有很多种，首推还是读书，读书的享受素来被视为有修养的生活，是一种雅事，而在没有机会享受这种权利的人看来，这是值得尊重和妒忌的事。

读书可以读出三种境界。第一种境界是读出自然之美。比如"落霞与孤鹜齐飞，秋水共长天一色"；"月上柳梢头，人约黄昏后"。这是何等的美妙、何等的享受！第二种境界是读出超凡脱俗的人性之美。大家读庄子、读陶渊明、读苏东坡，可以读出一种超然、一种逍遥，读出一种人与自然内心的和谐。第三种境界是读出天下为公的大爱之美。一代人要有一代人的作为，一代人要有一代人的贡献，一代人要有一代人的牺牲。看陆游的诗："死去元知万事空，但悲不见九州同，王师北定中原日，家祭无忘告乃翁。"这种爱国之情是何等的恒定。我们需要多读书、读好书、读经典，不断充实自己的头脑，净化自己的心灵，丰富自己的思想，锻炼自己的意志。一个"修身、齐家、治国、平天下"的人也必定是一个视团队责任为己任的人。

（三）学出好修养

好修养就是好的品德和好的品味。现代团队在用人方面已经达成共识：用人要德才兼备，德字为先。有这样一句话：有德有才，放心使用；有德无才，培养使用；有才无德，限制使用；无才无德，坚决不用。

人品就像一艘船，学习就是船的马达，马达决定船行的快慢。勤于钻研、勇于探索、好学上进的人必定会成为一个正直、诚信、谦逊的人，一个具有高度责任感和事业心的人，一个能够与人合作、为公司创造效益的人。

（四）学出高追求

目标的意义不仅仅是目标本身，它更是我们行动的依据。爱默生说过："一心追求自己目标的人，整个世界都会为他让路。"学习托尔斯泰使我们懂得：人要一辈子的追求，一段时期的追求，一年的追求，一月的追求，一天的追求。

人类有了追求便有了今天的进步和文明。学习是人生充实的过程，是改变命运的过程，是树立理想的过程，是孕育精英的过程。所谓的"精英意识"就是要有"干就干一流、争就争第一"的精神状态和工作标准。

被誉为"特区国寿保险皇后"的刘朝霞带领她的团队提出了"既做第一，又求唯一"的目标，以"理念先行，服务领先"为指导思想，设立了全国首家"朝霞理财服务中心"，利用上万名客户资源，通过"朝霞客户俱乐部"、"朝霞理财网站"、出版"朝霞理财"杂志、"特邀顾问团"等实现与客户互通互动、资源共享，真正为客户和团队创造了可用价值，并坚持"以理念引导市场，以服务代替销售，以理财规划保险，以科技辅助展业，以信誉打造品牌"，就这样，使她个人和团队业绩年年位居国寿深圳分公司第一。与此同时,已连续多年蝉联深圳分公司业绩第一的刘朝霞也深刻地体会到公司"成己为人,成人达己"的使命感,决心用"成功复制成功",提出了"铸就精英,导引同行"的口号,于是产生了一个创新的计划,启动了"太阳系明星发展工程",通过刘朝霞的精心辅导、系统培训,力图培养出"业绩一流,服务一流,专业一流"的"十大行星",并通过"十大行星"的"公转"带动团队的"自转"。

(五)学出真本领

本领是指认识世界、改造世界的实际才干和能力。没有真本领,良好的愿望终归是海市蜃楼。知识是底气,才华是底气。有底气,工作起来才硬气。当然,知识、才华、能力都来源于学习。

作为领导者,要通过学习获得深刻的理论思维、高超的业务本领、稳健的工作作风、良好的人格形象。说得让人心服、讲得让人信服,这样别人才能佩服。前几年营销上有一句话叫"站着能讲课,出去能做单,坐着能写文,躺着能思考",讲的就是要培养全面综合的素质。

在一个公平的社会里,有人之所以担当重要角色,是因为他们已经具备了必要的能力,在职业生涯中,必须具备胜任岗位的能力和获得能力的方法。为取得新的能力,就必须通过不断的学习和实践来丰富个人的成长经验。做到这些,您就能木秀于林,就能不飞则已,一飞冲天,就能不鸣则已,一鸣惊人。

作为一般成员尤其是操作岗位人才,要专业、要精业,要力争拿出有影响、有分量、叫得响的工作成果。俗话说:一招鲜,吃遍天。意思是有绝活才不可替代。我们个人的资源别人没有,这就是自我存在的价值,是自我安身立命的资本。如果你的事情什么人都可以做,那你就是可有可无的人。如果要想练就一手绝活,就要下决心掌握自己专业领域的所有问题,吃别人吃不了的苦,受别人受不了的累,让自己比别人更精通。对于一名销售人员来说,了解人性、人情,把任何险种在任何地方卖给任何人就是一种绝活。售货员有"一抓准",查话话务员有"一口清",我们也需要有核保师、核赔师、理财师和营销通。

今天，我们要打造的是一个与时俱进、学习型的和谐团队，它对每一个成员都充满着期待，都平等地给予舞台和回馈。在团队的文化氛围中，只有愿意学习，心境适应岗位改变，态度才会改变；态度改变，工作习惯才会改变；习惯改变，处事性格才会改变；性格改变，人生定会改变。

可以确定的是，不管你是一名注重实效、不畏艰难类型的人，还是一名善于学习、敢于创新类型的人，或是一名永不懈怠、积极进取类型的人，都能在团队中找到合适的位置，并且展现你的才能。团队就是你的船，船在，你就有胜利到达彼岸的希望；船翻了，你的命运也将随之覆灭。所以，个人和团队是一体的，两者的利益是统一的。只有与团队同患难，才可能和团队同成长。职业生涯也许平淡无奇、也许丰富多彩，但只要我们坚持不懈、共同努力，路一定会在我们脚下伸展，直至通往光明灿烂的前方！

知识回顾

- 团队精神建设的三大要素：成员、制度、合作。
- 团队文化对团队精神的影响：团队文化引领团队凝聚力建设；团队文化引领团队竞争力建设；团队文化引领团队创新力建设。
- 建设学习型团队的三个重要环节：沟通、指导、重视学习的过程。
- 做学习型人才可以获得什么：学出大视野、学出新境界、学出好修养、学出高追求、学出真本领。

学以致用

周鹏飞主管重新梳理了团队成员的不同特点，分析了团队现状，重新修订了一些团队的制度，以更加人性化的管理模式去塑造团队文化，并通过口号、标语、内部刊物等多种形式展现团队文化，让每位成员积极参与，并制定了丰富的学习机制，在团队中形成了人人想学习、人人要学习的氛围，给他的团队带来了新的活力，一个新的"鹏飞团队"正在塑造。

第四章 团队精神建设的方法

- 团队领导的角色和素养
- 营造相互信任的组织氛围
- 建立有效的沟通机制

关键术语

团队领导　组织氛围　沟通机制

知识要求

◆ 理解组织相互信任的氛围
◆ 掌握团队领导的角色与素养

技能要求

◆ 如何正确运用正式沟通与非正式沟通渠道
◆ 学习运用团队精神建设的方法

　　最近几个月,"鹏飞分部"业务一直较为低迷。为了改变这种低迷现象,周鹏飞主管决定推行"团队沙龙"说明会,即以团队作为单位召开说明会。为了能让说明会成功举办,周鹏飞主管便让团队中一名资深组训拟订了一份详细的企划方案。该组训经过几天的调查与分析,设计了一份企划方案,并发给了周鹏飞主管。由于周主管不太满意该企划方案,便回复道:"方案设计得无趣、无聊,需要重新设计。"当该组训看了邮件后,心中的积怨终于爆发了,回复了几千字更加严厉的邮件,解释了方案,列举了周鹏飞主管以往为人处事的不对,并在早会上将此事提出以泄心中不满。最终,原本一场很好的说明会眼看就要搁浅了。

　　经过此事后,周鹏飞主管再次陷入深思:在一个团队中该怎样对待同事和下属的工作方案或意见?团队领导应该具备什么样的素质?

　　上例中组训对周鹏飞主管明显心存芥蒂和偏见,作为团队领导应该怎么营造团队内部成员和谐融洽的氛围?

　　在与团队成员有工作上的不同意见时,应该怎样相互沟通,让对方正确领会自己的意图,而不是怨恨导致误解越来越深。

　　带着这些问题,本章将带您一起走进团队精神建设的方法。

一个人的世界观和价值观需要靠多年的教育和生活实践的积累才能逐步形成，团队精神的建设也更非一蹴而就。首先，要有一个坚强的领导核心，群龙不可无首。有了坚强的领导，团队才会有良好的管理，团队也才能成为真正意义上的团队。其次，情感上的互相信任是一个组织最坚实的合作基础。一个相互信任的组织氛围会给团队成员一种安全感，团队成员才可能真正认同公司，并齐心协力为公司创造更多业绩。最后，要有合理的沟通机制。合理的沟通机制可以充分发挥集体的智慧，可以最大限度地达到政令畅通，这是提高团队创造力与执行力必不可少的。如果说沟通和信任是构建团队精神的"润滑剂"，那么强有力的领导就是构建团队精神的"复合剂"。

第一节　团队领导的角色和素养

千军易得，一将难求。领导者的素质在很大程度上能决定一个团队的成败。纵观古今历史或中外企业，无数的事实都让人认识到，团队领导在团队精神建设中的作用非常重要。

一、团队领导的角色

（一）团队领导是团队的精神领袖

团队领导的世界观、人生观、价值观、利益观等，对于打造团队精神具有决定性的作用。团队领导有怎样的精神追求和价值取向，他所带领的团队就会有与之相似或相近的追求和取向。

对于一个团队的所有成员来说，团队领导应该是"教练"，能带领成员同甘共苦、风雨同舟，而不只是"指挥家"。很多领导者都会与团队成员建立师友关系，让团队成员感到他们不是在孤军奋战，而是觉得领导一直与他们站在一起。团队领导要认真听取团队成员的意见，感受成员遇到的问题，陈述自己的想法，分享自己的经验和联络资源。当成员成功时为之喝彩，当成员受挫时为之鼓气，当成员困惑时为之指点迷津。总之，他们会以人为本，尽一切努力，最大限度地激发团队成员的积极性，有效地激发团队并发挥整体的力量，从而提升团队的生产力、战斗力和创造力。

(二) 团队领导是优秀的管理者

一个优秀团队的背后往往会有一个杰出的领导，而杰出的领导定然会是一位优秀的管理者。那么，优秀的管理者应怎样来维护团队的完整和建设属于自己的团队精神呢？

俗话说，"没有规矩，不成方圆"。任何一个团队都要有一些制度和纪律，没有制度、没有纪律的团队就会是一盘散沙，那还谈何建设团队精神。一个领导在其管理过程中，最重要的就是要把制度与纪律建立起来，并使之成为团队的行为准则。当团队规模很小时，团队领导可以通过言传身教去管理每一个人；但当团队规模不断发展壮大时，这样的"一对一"是不可能的，此时，用标准来管理团队便成了一项很重要的工作。也只有这样持之以恒地实行这个共同标准，团队不论发展有多壮大都不会是一盘散沙。

案例研读

制度化管理

案例导读

中国人寿保险股份有限公司合肥市分公司理财服务中心成立于2008年11月，在短短一年多时间内，中心从最初成立时的4人发展到目前拥有五支理财团队两个渠道共249名理财经理的队伍，并且实现首年期交保费2230万元，并且在2010年的"开门红战役"中一季度创下1903.41万元的佳绩。

方经理带领最初的一批主管，花费大量精力培养后备队伍，不断地总结和提炼，并结合自己团队的特点准确预测未来的发展趋势，建立属于自己的团队制度和纪律规范，从点滴做起，工作中对团队成员管理到位，生活上对团队成员关心到位，很快形成了一个很强战斗力的团队。这个日益壮大的团队通过落实行为准则、夯实团队基础、推进业务发展，着力建设"六个文化"——目标文化、执行文化、自信文化、和谐文化、感恩文化、学习文化，最终在大家的共同努力下做出了可喜的成绩，成为"安徽国寿"排头兵。方经理是如何将几个人的团队发展成为几百人的优秀团队的呢？

> **案例解析**
>
> 方经理在发展团队的过程中,结合自己团队的特点,不断建立和完善了属于自己的团队制度和纪律规范,并用来管理日趋壮大的团队。其间,方经理也是知人善任,极大地发挥了团队的力量,从而形成自己的团队精神,同时也取得了骄人的业绩。
>
> **案例结论**
>
> 企业只有将优秀人员的智慧转化成为团队成员共同遵守的团队制度和纪律规范,才能更好地管理日趋壮大的团队,才能使团队成员有据可依、有法可守,使团队成员充分发挥其主观能动性,同心同德,向更高的目标冲刺。

二、团队领导的素养

团队领导除了要做好领导工作,完成自己的职责外,还要具有带领团队所需要的素养。所谓素养,一是素质,二是修养。素质主要侧重于先天禀赋,而修养侧重于后天学习。

一个有素养的团队领导,能极大地改善与团队成员之间的关系,这样不仅可以使团队产生凝聚力,还可以培养出一支具有雄厚实力,并且长期为团队效力的队伍。由此可见,团队精神建设成功的关键不仅仅在于团队成员掌握了多少专业知识或者多少资源,而更在于其素养的高低。

(一) 人格魅力

有些人好像有一股强大的磁力,能把很多人吸引到他周围,这就是人格魅力。作为一个团队领导人,如果没有人格魅力,即便再出色,他的威信和影响力也会受到一定负面影响。团队领导的人格魅力对其管理能力的影响,主要是通过团队领导在管理过程中产生的亲和力和感召力,使团队成员心甘情愿地为实现团队目标而努力奋斗。要想去影响、感召团队成员,只要将这种魅力与团队融合在一起,就可以带动所有可以提升的因素一齐向前。

> **故事分享**
>
> **个人魅力的力量**
>
> 拿破仑被流放到一个小岛上,逃出来后,法国国王派大军去捉拿他,拿破仑随从都劝他快跑,拿破仑却说:"跑什么?我是他们的元帅,他们是我的士兵,为什么要跑?"拿破仑迎着捉拿他的军队走过去,仍然以元帅的气度指挥他们,结果这批军队反而跟他回去抓国王了。

要想具备人格魅力,首先,对团队成员要有信誉,否则人们都不信任你,那还何谈去领导他们呢。其次,要做一个有胸怀的团队领导。人不尽完美,总会犯错,要能够接受别人缺点的存在,宰相肚里能撑船。最后,不要拒绝学习。也许你经验超群,自我感觉已经没有什么可以说服自己的经验,殊不知,在今天这样一个竞争激烈、瞬息万变的时代,你只要沉醉一分钟就可能换来惨痛失败。

人往往是软弱的,特别是在关键时刻更容易犹豫不定,此时稍遇挫折,就会全线崩溃。所以强者要在关键时刻出来振奋、召唤大家,也就是要善于用他的魅力去影响大家,去激发大众的信心。

(二)个人能力

团队领导的个人能力是其个人素养的重要组成部分,也是塑造团队精神的重要保障。一般而言,个人能力包括自身的工作能力、认识环境的能力、自我管理的能力、影响他人的能力。

1. 自身的工作能力

(1) 前瞻思考的能力。未雨绸缪,有备无患,作为管理者要有远见卓识。团队领导要能提前考虑到市场可能的变化并准备应对措施,在危急中迅速采取行动。甚至还要能预料一些不太明显的情况来创造机会或避免问题,而不能仅把目光停留在市场的表面现象上,要学会透过现象看本质。邓小平就曾说过,做领导最重要的能力就是要有远见。而机会在很大程度上就是对有远见者的一种报酬。

领导带领一个团队，凭什么异军突起，走在行业的前列，并能够引领市场潮流而立于不败之地？拥有一支高效率团队这固然很重要，但更重要的是这支团队是否有超前的思考能力。市场是动态的，领导的思想就应该是超前的。

（2）获取信息的能力。信息的获取是团队领导收集反馈、调整计划、协调团队成员间关系的先决条件。作为团队领导不应该坐等信息，而应该主动去获取信息。如通过定期或不定期与团队成员之间进行交流，建立一个稳定的获取可靠、充分信息的系统。在这个信息大爆炸的时代，我们有时面临的另一个问题不是缺乏信息，而是信息过多——信息良莠不齐、真假难辨，这时，领导面对信息去其糟粕，取其精华的能力尤其重要。

（3）勇于创新的能力。要想出类拔萃，就要有所创新，只有创新才会有活力，才会开出一条新路，才能永远引领潮流。由于每个销售团队通常都不一样，我们在参考以往经验的同时必须尝试一些新的方法，一成不变地照搬是不可行的，团队领导可以利用团队成员的经验，用创新性的思路去尝试新的方法和措施。但真正的创新并不应简单理解为必须是第一次出现，其他无一例外都是复制，可现实是，一些杰出的人往往会有一些惊人的相似，正所谓"英雄所见略同"，创新应该是一个双赢的结果。

（4）分析问题的能力。是指通过分解问题至可操作的层面来解决问题的能力，用数学的术语叫"化归"。团队领导经常会遇到复杂的情况或问题，这时便需要采用逻辑的、系统的方法去获取信息，把复杂问题分解成小的子任务，把复杂问题的因果关系分解成子任务的内在联系，用多种分析方法得出多个方案，权衡每个方案的价值，选出最优方案。

就好比当公司制定任务后，我们便会分析这个任务目标该怎样去完成。怎样将它分解成阶段性目标，然后在一步步达成阶段目标的基础上完成最后的总目标。而每一步又该怎样分工协作，才能够达到最佳效果。其中方法很多，这都需要团队领导去思考。

2. 认识环境的能力

认识环境的能力就其本质而言是对其所处的工作、生活环境的一种认识、理解能力。提高解读周围环境的能力对于团队领导而言是必不可少的一门技能。可以从以下几方面来注意。

(1) 认识组织。是指了解并利用组织内部的权利关系来更好地工作。团队领导对组织理解的程度既与其工作年限、经验有关，也与团队领导本人平时的观察、了解有关，更与其学习经历、分析能力有关。理解企业文化，了解组织内有代表性的做事方法，是认识组织的有效手段。

(2) 了解成员。一个好的领导要知人善任。尺有所短，寸有所长，一个卓越的领导一定要善于用人之长，才能让整个团队强大起来。用人之道如同排兵用将，充满智慧。先有伯乐而后有千里马，团队领导常会抱怨自己的团队缺乏人才，这只能说明你不是一个伯乐。不论是怎样的人才，首先要明确只有适合的才是最好的。人各有所长就各有其位，一个优秀的领导所要做的就是如何把他们放在适合自己的位置上，在这位置上，他们的优点会得到充分的发挥，而缺点却受到限制。这样从量变到质变，便会产生强大的创造力。

例如，在某些寿险团队的建设中便运用了优势互补。在组织人才队伍时按照一定比例"老中青三结合"，互相取长补短，发挥整体优势，使一个团队既能继承优良传统，又能不断开拓创新，持续稳步地向前发展。团队中年龄比较大一点的大都经验丰富、办事沉稳、威信较高，但对新生事物的敏感性较弱，缺少进取精神；中年人知识和经验积累较多，分析判断能力较强，但精力不如年轻人；年轻人富有朝气，接受新思想、新事物快，但缺乏经验，容易浮躁。这样的组合使团队既能够保证经验的传递，又能帮扶年轻人，以老带新，以新促老，相互协作，形成长久良性互动，从而达到一种平衡状态。

(3) 了解客户。领导作为团队的掌舵者，掌握着航行的大方向，指引着组织的前进。只有团队领导清楚地了解了客户需求，才能引导销售人员及时建立科学的销售观念而少走弯路。团队领导要始终把寻求达到或超越客户期望作为工作的目标。团队领导要能够向客户提供迅捷的服务，承担责任，解决客户的问题。在理解客户需求时应从大处着眼，要看得远，要符合公司发展的远景，这样才能预期客户将来的需求，达到或超越客户期望的目标，并建立与客户间的长期的合作伙伴关系，赢得客户的信任和尊重。

3. 自我管理的能力

自我管理是一种行为、一种行动，它所产生的结果会直接作用在团队成员身上，会对团队的运行效率和质量产生直接的影响。自我管理大致包括以下几方面。

（1）清楚自己的心态。团队领导在平时不断受到来自上级领导、下属员工、外部客户以及工作本身的压力。正因为长期处于压力之下，更需要团队领导非常清醒地认识到自己的心理状态，并能进一步控制自己的心态，以防在不冷静的情况下作出不合适的决策。在三国时期，关云长失守荆州，败走麦城被杀，此事激怒刘备，遂起兵攻打东吴，众臣之谏皆不听，诸葛亮也上表谏止，可是刘备把表掷于地上，说：朕意已决，无须再谏。执意起大军东征，最终导致兵败。由此可见，作为一个领导者切不可让情绪左右自己的决定。

（2）保持高度的自信。自信是指充分相信个人完成一项任务的能力。团队领导不能经常表现出焦虑情绪，犹豫不决、举棋不定，要能自信并独立地工作，敢于打破常规去争取积极的成果，在必要的时候要敢于表达对他人的不同意见，甚至敢于挑战权威。当然，团队领导也要能够自信地邀请他人挑战和批评自己的工作方法，欢迎他人建设性的批评。

4. 影响他人的能力

影响他人的能力是团队领导必须具备的一种品质，它是调动团队成员积极性，培养有潜质的接班人，创造高效、和谐团队的保障。从具体表现方面来看，有以下几类。

（1）培养成员的能力。主要指关心团队成员个人的发展、个人工作积极性和学习情况。团队领导若常怀以员工为本的精神，将极大地激发员工的热情、提高员工积极性、促进员工的技能、提高团队工作效

> **知识链接**
>
> 　　某寿险理财服务中心在培养销售人员方面独具特色，该中心提出育人要重点培育主管型的人才。因为主管就像一根脉络联系着团队领导与理财经理，而主管与理财经理走得最近，主管的人生价值观定会影响到理财经理的行为方式。所以在培养成员方面与其花费大量时间广撒网还不如重点培养，然后运用各级主管的影响力去教育理财经理，只有这样抓住了主脉，即使团队再大也不会散。由此可见，能够培养出一个杰出的团队主管也就等于培养出了一支优秀的团队。
>
> 　　而在选人方面，应始终坚持人品第一，然后再去考虑能力。

率，进而顺利地完成团队任务。长远来说，关心员工，可为企业培养更多潜在的接班人，团队领导本人也有机会获得更好的提升机会。因此，一个优秀的团队领导要提供发展机会，制造并使用个人发展机会来培养人才，帮助挖掘他们的潜力。

（2）凝聚和感召成员的能力。是指正面说服、激励他人，使之信服并向组织目标努力工作的能力。团队领导在任务达成过程中会遇到许多不能预见的挑战，在一定程度上会动摇团队成员取得最后成功的信心。这种信心的动摇会导致成员情绪的波动、工作效率的降低，有时还会导致成员退出团队。团队领导必须具备非常强的说服力和引导力，激励员工面对困难，树立迎接挑战的决心，迎接公司美好的前景。

第二节　营造相互信任的组织氛围

在一个相互信任的组织氛围中，团队成员相互爱戴、彼此信任，并积极相互协作去完成组织任务目标，甚至会付出额外的努力去完成更多的任务。一个相互信任的组织氛围能够产生一种凝聚力，并能够激发团队成员尽其所能完成组织交给的任务。由此可见，营造相互信任的组织氛围会促进并维护团队精神的发展与建设。

一、组织信任的内涵

组织信任包括三种情况：组织对成员的信任、成员对组织的信任和成员之间的相互信任。其中后两者尤为重要。成员之间的相互信任一方面依赖于成员本人的素质、信誉和亲和力，另一方面更多的是依赖于成员所处组织的信任度。而成员对组织的信任主要依赖于成员基于主管对群体的决策和行动的认同度、组织的规章制度及其执行情况的整体印象。

二、影响组织信任的因素

（一）影响成员对主管信任的因素

主管与成员之间有着特殊的依赖关系：一方面，成员必须依赖主管来获取各种组织资源；另一方面，主管也需要依赖下属的工作绩效来证明自己的管理能力。而获得下属的信任是提高主管工作绩效的关键。影响成员对主管信任的因素主要有以下几方面。

第一，主管的业务水平和领导能力。这是影响成员对主管信任与否的首要因素。

第二，主管对成员的态度。主管要有亲和力，对成员友善，给予成员必要的帮助和支持，这样才能获得成员的友情和信赖。

第三，主管的品德。主管要为人正直、作风正派、重诺守信、言行一致、以身作则，成员才会从心理上认同和佩服。

第四，主管与成员的融洽程度。主管与成员关系越融洽，越能与成员打成一片，就越能得到成员的信任。

（二）影响成员对团队信任的因素

上面列举的成员对主管的信任只是影响成员对组织信任的一个因素。成员对组织信任的其他因素还包括以下几方面。

1. 成员价值观与组织文化的匹配度

俗话说，道不同，不相为谋。只有成员价值观和组织文化一致，才能志同道合、同心同德、共同奋斗，才能达到无条件的最高境界。

2. 组织制度的公平度

成员对与个人利益有关的组织制度、政策、措施及其执行公平与否，在很大程度上决定了成员对组织是否信任。

3. 组织对成员的支持度

如果组织能在成员遇到困难或解决问题时提供足够甚至是超出意料的大力支持，则成员对组织的信任度必定大增。

三、组织信任的形成

由于成员之间的信任主要依赖于组织和成员间的信任，所以，我们要着重了解组织和成员间长期稳定的信任关系与信任氛围的形成。一般而言，组织中人际信任的形成有其一定的阶段性，包括最初的不信任、中期的有条件信任、最终的无条件信任。就好比当一个人刚进入寿险公司，团队和成员之间都未能有更多的了解，只能依靠规章制度来约束彼此的行为，这是初级阶段的信任。有条件信任一般形成在双方开始了进一步的接触，通过了解组织的一些团队文化、团队精神等之后，只要双方没有出现违约、违纪或令对方失望的行为，双方就会逐渐萌芽较为可靠的信任关系。随着组织和成员深入的接触，组织文化和成员的价值观相互磨合匹配，并且和其他团队成员也有一定的相互合作，如一起拜访客户，此时双方便开始放弃彼此的防御和伪装，信任得到进一步的加强和巩固，进入了基于共同价值观的信任阶段，最终达到无条件的信任。因此，组织信任的形成，就是使组织和成员之间从陌生到有条件信任，再到无条件信任的过程。

四、提高组织信任的策略

（一）加强成员价值观的建设

通过加强成员价值观的培养，提高成员对组织的信任。首先，在招聘时就应将组织的真实面呈现给成员，让成员真实地认识组织，然后通过心理测试和相关选拔，获得成员价值观的相关信息，做到招聘的成员与组织的匹配。其次，在成员技能培训的过程中，也要加强对成员价值观的培养，以便日后形成对组织的信任。

（二）提高成员的组织公平感

首先，建立一套稳定、公正的绩效管理体系，让多劳者多获、能干者多获，一定要杜绝劳而无获、奖罚不公的情况。其次，建立组织内部的沟通对话机制，及时听取建议意见，拉近领导与成员之间的距离，特别是与一线销售人员的沟通。做到有问题能及时、有效地解决。最后，要完善制度建设，使组织的制度从体系、内容上不断完善，也保障制度的执行上做到公平、公正、客观。

（三）提高成员的组织支持感

首先，组织要为成员提供工作所必需的物质支持。其次，要为成员提供市场信息、政策信息等各种信息资源，减少成员工作中的不确定性，降低成员的不安全感，帮助他们快捷、有效地完成目标。再次，为成员提供各种形式的福利措施。最后，对成员给予赞同、尊敬和重视，增强成员士气和个人成就感，减少负面情绪。最近轰动全国的深圳某台资工厂成员的连续跳楼事件就是一个值得注意的例子。员工在强大的劳动强度和社会生存压力下，心理出现了扭曲乃至崩溃，从而做出一些极端举动。该厂在初期就没有做好相关工作给予员工足够的组织支持感，直到后来加强成员的心理辅导、提高成员工资待遇、缓解员工工作强度，事态才有所缓和，也算亡羊补牢，为时未晚。

案例研读

组织支持感

某寿险公司理财服务中心的产品说明会、酒会、高峰会是销售人员业绩的最主要来源，有时为了冲刺业绩甚至加开，但其成本很高，特别对于刚进公司的大学生来说更是承担不起。公司为了降低伙伴们的成本，进行了大力支持，推出了种种方案。例如，"鸡蛋原理"也称"原子弹原理"，是指凡是来参加产品说明会的客户都能得到一篮子土鸡蛋，但其意义却远不只这些。伙伴们每月只要出部分固定的礼品钱，而无论带多少客户其余花费均由公司承担。其意义就在于：一是伙伴们在发展客户的同时不需要担心成本问题；二是由于中心的客户主要集中在中老年层次，鸡蛋对于他们来说是个好东西，如此一传十，十传百，客户带客户，就像原子弹裂变一样，为中心创造了很多业绩，更是积累了大量客户资源，造就了很多精英。中心的酒会、高峰会也都是免费的。正是因为有中心如此大的支持，

团队精神

在2009年，伙伴们为了中心的3000万元目标发表了个人宣言，有些伙伴甚至激动得泪流满面。2010年更是喊出了"亿元中心"的口号，并充满信心和斗志。

案例解析

有时候团队会因为种种困难而陷入困境，甚至离开寿险行业。在这种情况下，团队急需得到公司所提供的资源或其他方面的支持。在本案例中，该理财服务中心为了能降低伙伴们的成本，使其全身心地投入到工作中，推出了很多支持方案。像"鸡蛋原理"这一方案，不仅使伙伴们受益，也为中心创造了很多业绩，更为公司维护和发展客户作出了很大贡献。可以说是一举三得。

案例结论

由此可见，公司的支持不仅会为团队扫清前进的障碍，更是团队成员为之奋斗的动力。在团队成员受到组织支持乃至更大帮助的时候，团队成员会感觉自己受到重视，能在自己的贡献和组织之间找到平衡。并且作为对组织的回报，员工也会提升自己对组织的承诺和忠诚度，并且会提高自己工作的努力程度，发挥潜能创造更多业绩。

（四）提高管理者的素质

在对管理者进行选拔与考核时，要坚持德才兼备德先于才的原则，不能仅局限在能力和业绩方面技能的考核，还要关注对管理者的个人品质、价值观等非智力因素的考核。

在团队中，管理者与被管理者为了工作而争得脸红脖子粗，这是经常有的事，但是不要让这种争辩演化成不可调和的矛盾。美国迪卡尔财政公司主管狄克逊一次与别人讨论问题时，他无意中说了一句话，引爆了双方积郁在心中很久的"炸弹"。双方在毫无顾忌的情况下，说出了各自想说的话，知道了彼此的想法，也拉近了他们的距离。有摩擦也会有发展，所以，团队成员间即使产生矛盾，只要彼此坦诚布公，产生信任，就不会恶性循环。

阿奎利斯·爱克斯总结了狼的十大处世哲学，其中每一条都值得团队领导好好揣摩。

知识链接

狼的十大处世哲学

一、卧薪尝胆：狼不会为了所谓的尊严在自己弱小时攻击比自己强大的东西。

二、众狼一心：狼如果不得不面对比自己强大的东西，必群起而攻之。

三、自知之明：狼也很想当兽王，但狼知道自己是狼不是老虎。

四、顺水推舟：狼知道如何用最小的代价，换取最大的回报。

五、同进同退：狼虽然通常独自活动，但狼却是最团结的动物，你不会发现有哪只狼在同伴受伤时独自逃走。

六、表里如一：狼也很想当一个善良的动物，但狼也知道自己的胃只能消化肉，所以狼唯一能做的只有干干净净地吃掉每次猎物。

七、知己知彼：狼尊重每个对手，狼在每次攻击前都会去了解对手，而不会轻视它，所以狼一生的攻击很少失误。

八、狼亦钟情：公狼会在母狼怀孕后，一直保护母狼，直到小狼有独立能力。

九、授狼以渔：狼会在小狼有独立能力的时候坚决离开，因为狼知道，如果当不成狼，就只能当羊了。

十、自由可贵：狼不会为了嗟来之食而不顾尊严地向主人摇头晃尾。因为狼知道，绝不可有傲气，但不可无傲骨，所以狼有时也会独自哼哼自由歌。

资料来源：小刚：《狼的十大处世哲学》，北京，中国物资出版社，2009。

第三节 建立有效的沟通机制

沟通是合作的开始，沟通是团队精神的直接表现形式。优秀的团队一定是一个沟通良好、协调一致的团队。沟通也是一个明确目标、相互激励、增强团队凝聚力的过程，沟通带来理解，理解带来合作。一个团队如果没有沟通就没有协作，没有协作就没有效率。

学会积极地与人沟通，凡事采取合作的态度，对于团队协作尤其重要。现实生活中由于我们每个人的工作岗位不同，经常会和不同人员打交道，如果不加强相互间的沟通与交流，不抱着合作的心态，工作起来就有可能处处受阻，无法顺畅。所以要在沟通交流中求同存异，在沟通交流中善待对方，在沟通交流中增进工作的友情，这样才算是团结的团队，工作起来才会事半功倍。

著名的国学大师翟鸿燊曾说过："沟通是情绪的转移，信息的传递，感觉的互动……"总之，沟通很重要。而要建立合理的沟通机制，首先需要领导核心具有兼容并包的精神和管理艺术，独断专行的领导是无法建立充分的沟通机制的。其次还需要建立一个科学合理的正式沟通机制。最后还要建立每个成员对团队的认同感，这样可以充分调动他们的主观能动性，从非正式渠道与他们进行沟通。

一、培养兼容并包的精神

（一）要有善于听取内部不同意见的心态

为了创造出一个互相合作的团队氛围，团队领导首先要做的就是善于聆听各方面的看法和意见，要放下架子、俯下身子；下属要直起脖子、壮起胆子，双方坦诚平等地交流各自的思想和看法。作为领导，要尽可能地与成员进行交流，使他们能够及时了解领导的思想，倾听他们的呼声，让他们参与决策，尊重他们的想法、观点、选择和兴趣，求同存异，达成共识。团队领导只有与成员保持畅通的信息交流，才会使得管理如鱼得水。

善于聆听也是一种能力，拥有这种能力不仅会增加成员对你的亲

> **小贴士**
>
> 沉默的艺术
>
> 沉默是一门艺术,雄辩也是。通往成功的捷径,就是把你的耳朵借给别人,而不是把你的嘴巴借给别人。
>
> ——西塞罗

和力,还会使他们更加信任你,紧密地与你团结在一起,否则,也只能做个光杆司令了。而对于那些不仅不去聆听成员意见反而经常责骂成员的人,这种自负到头来总有一天会被人们赶下台。

在聆听成员意见的时候,就算有时觉得不是很对,也有必要坚持听下去,并保持诚恳的态度耐心地听他把话说完,然后再去考虑那些建议。当然,能够做到这点对于团队领导来说还是有一定难度的,因为聆听必须是被动的,而这又为大多数领导者所不能容忍,也正因为如此,善于聆听的领导是少之又少。而一般情况下人的权力越大、地位越高,就越容易忽视地位微不足道者的言论。但恰恰是他们容易忽略的言论,往往能使他们得到更多。所以作为团队的领导不仅要懂得耐心聆听,还得要记住它,更要重视它。

(二) 内部不同的意见往往能产生思想的火花

俗话说,三个臭皮匠,顶个诸葛亮。群众的智慧是无穷的。只有集思广益、群策群力,各种想法相互碰撞、相互借鉴,方能产生思想的火花,举一反三。

每一个成功的团队背后,都有一个能人。创业伊始,这些能人凭个人的经验、胆识和敏锐的洞察力,为团队赢得了一定的市场份额。但随着团队的不断壮大和经营环境的不断变化,这时团队更需要群体的智慧和思想。

由此可见,团队的生存与发展,不能只靠领导者的独断专行。商场如战场,如何能继续驰骋,单打独斗显然是行不通的,而是要博采众长、集思广益,这样才能创造出更辉煌的业绩,才能使团队在竞争日益激烈的"战场"上生存,进而不断发展壮大。

> **资讯链接**
>
> 集思广益
>
> 通用电气公司总裁杰克·韦尔奇在与中国企业领袖高峰论坛实录上提到："我在 GE 的时候，我们的销售达到 1300 多亿美元，我们制作发动机、制作电影、生产医疗设备、制造塑料产品等。大家想一想，在这么多的领域，如果让我来告诉大家怎么制作发动机、怎么制作塑料产品、怎么制作电影，如果这样做的话，做出来的肯定是特别烂的产品。所以，一定要调动所有的积极性，用集思广益来促进新思想的出现，创造力的出现。"
>
> 资料来源：高峰论坛实录。

（三）内外兼修——外部沟通同样重要

沟通要渗透到企业的每个方面。沟通不仅是在内部，在外部也要形成良好的沟通，21 世纪是一个信息化的世纪，只要有一个环节沟通不畅，就可能造成功亏一篑的残局。

在经济全球化和信息化的浪潮下，现代社会的团队是不能独立存在的，相互之间必定有着千丝万缕的联系。这就要求团队领导不仅仅是团队建设中内部的协调沟通者，同时也必须是团队与外部联系的桥梁和纽带。在保险公司中，团队的外部相关者主要包括上级领导、部门中的其他团队、客户。团队领导对外代表着工作团队，他们维护团队在外的声誉，为团队争取必需的资源，关注团队建设中外部环境因素给团队造成的影响和障碍，为团队发展保驾护航。如果确定出现的问题来自外部，则应及时与之沟通协调，以确保获得外部的支持和有效信息，然后根据自己已获得的信息、资源，慎重地做出恰当的行动。

渠道是银保队伍创造价值的重要途径之一，那么如何打通渠道，这就需要团队领导与各银行领导加强沟通联系、维护友好合作。打通是关键，而维护则更注重长远利益。在维护渠道发展中，我们要随时掌握合作银行的最新动态，捕捉合作银行的各种信息，进行精心研究和策划，制定每个阶段切实可行的企划推动。客户经理在银行网点出现问题时要及时与行长及银行相关人员进行沟通，使得渠道业务发展顺畅，并以积极的心态去配合银行工作人员，赢得银行相关部门的好评与肯定。同时我们也要关注同业公司的动态，知己知彼，方能百战不殆。

案例研读

驻点经营之沟通心得

案例导读

阮经理是一名2004年加入某寿险公司银行保险部的客户经理，在这6年里，他历经风雨，对沟通在工作中的重要性深有感触。

沟通不仅仅是言语上的交流，有时，实际行动是一种更有力的语言。

阮经理团队所驻经营的网点是一个建设银行的亿元储蓄所，与他们平时相处的除了去银行办理业务的客户还有就是银行的工作人员。储蓄所每天的业务都非常繁忙，客户也非常多，做单的机会也相对比较多。和他一起在这个网点做业务的还有其他两个寿险公司的销售人员。2009年前三个季度，公司因为对其中一个寿险公司重视不足加之其又是建设银行的控股保险公司，业务上他们可以说是全军覆没，网点代理的该团队的寿险产品仅为400万元。那时他每天在网点做着比原来更多的事，干着比原来更累的活，尽管如此，柜员们很少销售他公司的产品，他们很含蓄地对他说："你去其他地方看看吧，不用天天在我们这里帮忙了"。可他每天依然坚持着，他坚信，只要坚持住肯定会有改变的一天！网点每天的客户非常多，所以地面也非常容易脏，他想：既然不帮我销售，那我就做点其他我能做的事情。只要发现地面有垃圾他就及时清理干净，每天都要等到银行下班前将大厅清理干净后他才从网点返回公司。虽然这是件非常不起眼的小事情，可现在柜员们说起的时候都非常感动，夸他人很不错。伙伴们也时常和他开玩笑地说他用扫把扫出局面。2009年第四季度，在省、市公司部门领导和大家共同努力下，建设银行渠道终于扭转了局势，在2010年第一季度用了不到2个月的时间该网点就达到了2009年一年的代理业务总量。那么，阮经理是怎样取得银行工作人员的认可，继而取得良好业绩的？

案例解析

在上述案例中，阮经理所在部门在银行驻点中遇到重重困难，导致前三个季度的业绩一直很低迷。但大家没有放弃，在与外部沟通中他用行动证明了他的坚持和耐性，并得到了银行工作人员的赞赏与肯定，同时公司各部门领导也积极与该行行长进行沟通，并最终打开局面，取得了好成绩。

案例结论

做好沟通的一个基本要求就是"勤"，做到"嘴勤"、"手勤"。而当语言沟通达不到效果时，那么就用行动来说明一切。只要踏踏实实、勤勤恳恳地做好每一件事，就一定能够克服困难，无往不胜。同时，上级领导的支持非常重要，如能为团队做好外部沟通，打通障碍，定能取得事半功倍的效果。

二、发挥正式沟通渠道的作用

正式沟通一般指在组织系统内，依据组织明文规定的原则进行的信息传递与交流，如组织与组织之间的公函来往、组织内部的文件传达、召开会议、上下级之间的定期情报交换等。正式沟通分为下向、上向、横向、外向沟通等几种。

（一）确保正式渠道畅通，让人知无不言

正式沟通是最主要的一种沟通方式，在传统组织内一直发挥着重要作用。要通过现代企业文化建设，打破等级制度，树立全员沟通理念，创造人人能沟通、时时能沟通、事事能沟通的良好氛围。

团队领导、部门主管要有民主作风，带头沟通，定期开座谈会，通过双向交流和信息互动反馈，使内部沟通渠道畅通无阻，让成员做到知无不言。

我们每天开早会之前，都会有一个简短的主管早会，此时领导者便会通过各级主管了解各个团队的工作情况，并根据各个团队的情况来分配任务，以及一些重要事情的宣导等。其中，主管是一个极其重要的角色，主管要有一个准确的定位，要清楚在公司中的地位。总的

来说，主管是一个上通下达、融会贯通的角色，他不但要让公司领导倾听来自成员的心声，同时还要保证公司领导能够很好地被成员信任和了解。

遇到沟通障碍时，不管是个人与个人之间还是部门与部门之间，双方都要批评与自我批评，换位思考，肯定对方的长处，善于聆听各方面的看法和意见，即使自己有理有据也要谦让三分，不要得理不饶人，要善于发现成员身上的闪光点。一个优秀的领导，要学会用放大镜看成员的优点，用望远镜看成员的不足。

（二）完善意见执行和反馈机制，做到言而有效

好的建议如果不操作、不全力执行就等于没有讲。所以作为领导，必须密切关注公司对有些好的建议有没有去执行，执行中有没有发生偏差。如果上下之间能不断地反馈，沟通就不会有障碍，而且一有了偏差，就马上可以纠正。这样，信息的传递和沟通的效果就会大大提高。

除了依靠领导个人的重视，定期召开成员大会反馈意见执行情况也是一种上下沟通的良好渠道。如通过召开启动大会，总结一个阶段的成绩，部署新阶段的任务，汇报意见的执行情况和效果，这样可以让团队成员增强责任感和使命感，同时吸引大家参与团队管理，调动广大成员的工作热情，定可取得明显的效果。

三、充分利用非正式渠道的反馈作用

非正式沟通和正式沟通不同，它的沟通对象、时间及内容等各方面都是未经计划和难以辨别的。非正式沟通是通过正式组织之外的信息流通程序来沟通的，这些途径非常繁多且无定型，如同事之间任意交谈，甚至通过家人之间的传闻，以及现在流行的网上交流和传统的私下谈心等方式。这种沟通途径弹性较大，它可以是横向流向或是斜角流向（也就是不同部门的成员和成员之间、成员和主管之间的信息流通，还有高层领导也有可能耳闻到底层的一些信息和呼声），抑或是越级报告等，一般信息传递比较迅速。

> **小贴士**
>
> 沟通
>
> 　　与人交谈一次，往往比多年闭门劳作更能启发心智。思想必定是在与人交往中产生，而在孤独中进行加工和表达。
>
> ——列夫·托尔斯泰

　　在一定程度内，非正式沟通的发展也是配合决策对于信息的需要。在许多情况下，来自非正式沟通的信息反而能获得接收者的重视。由于这种信息的传递一般以口头聊天方式，不留证据、不负责任，许多不愿意通过正式沟通传递的信息只可能在非正式沟通中透露。非正式沟通形式不拘谨，直接明了，容易及时了解到正式沟通难以提供的"内幕新闻"。非正式沟通的基础是组织中良好的人际关系。但非正式沟通却难以控制，传递信息不确切，容易失真，而且它可能导致小集团、小圈子，影响组织的凝聚力和人心稳定。对于这种沟通方式，领导既不能完全依赖，也不可完全忽略。

（一）充分发挥现代网络优势进行沟通

　　网络在现代社会已相当普及，在网络中，人没有等级的界限，可以通过非正式渠道传递并解释企业的各种信息，有机而又无形地把企业的各部分成员联系起来。网络中的人有其特殊的身份和作用，可以起到上情下传、下情上达、左右辐射的信息载体作用。网络可以当做一个用来弥补企业的缺点和不足的重要通道，还能为成员提供社会和心理的满足，有利于保持良好的气氛，能有效地促进信息沟通。

（二）继续利用传统私下沟通的方式来交流意见

　　长期以来，我们受的教育都是告诉我们要谦虚谨慎，要回避矛盾、回避冲突，不强出头。我们习惯于说好听话、妥当话，有选择地讲话，而不是讲真话。由于受到这种等级观念、潜在自我保护意识及环境的影响，结果使上下级之间的误会、隔阂和不理解越来越深。只有领导心胸开阔、品德大度无私、工作作风正派，以自己的人格魅力去为下属带好头、服好务，下属才会对领导由畏生敬，才会对领导讲真心话，而领导才能掌握成员最真实的想法，才能有效地开展各项工作。

优秀团队都有一个很显著的特征，那就是团队从上到下都很重视沟通。沟通是创造和提升团队精神的重要方法和工具。管理的最高境界就是在团队经营管理中创造出一种团队独有的团队精神和团队文化。而团队精神的培育与塑造，其实质是一种思想、观点、情感和灵魂的沟通，是沟通的最高形式和内容。没有沟通，就没有对团队精神的理解与共识，更不可能认同团队的共同使命。

互动游戏

游戏名称：解手链

形式：10人一组为最佳

时间：20分钟

材料：无

适合对象：全体人员

活动目的：让队员体会在解决团队问题方面都有什么步骤，聆听在沟通中的重要性以及团队的合作精神。

操作程序：

1. 培训师让每组圈着站成一个向心圈。

2. 培训师说：先举起你的右手，握住对面那个人的手；再举起你的左手，握住另外一个人的手；现在你们面对一个错综复杂的问题，在不松开的情况下，想办法把这张乱网解开。

3. 告诉大家一定会解开，但答案会有两种，一种是一个大圈，另外一种是套着的环。

4. 如果过程中实在解不开，培训师可允许队员决定相邻两只手断开一次，但再次进行时必须马上封闭。

讨论：

1. 你开始的感觉怎样，是否感觉思路混乱？

2. 当解开一点以后，你的想法是否发生变化？

3. 最后问题解决以后，你是否感觉很开心？

知识回顾

◆ 团队领导要善于发展外部关系,解决内部困难,化解冲突,了解自己,带动他人,做团队的精神领袖。

◆ 在营造相互信任的组织氛围方面,团队领导要为人正直、善待下属,做到赏罚分明,让成员心悦诚服,使团队内部互信、互爱、互助。

◆ 建立合理的沟通机制,团队领导要善于听取不同意见,积极思考建立健全各种规章制度,不但要确保政令畅通,还要确保下情上达。这样整个团体才能思想行动一致,同心同德,共创佳绩。

学以致用

周鹏飞主管经过一段时间的自省后,终于认识到自己的错误。并且经过不懈地努力,将这些缺点都改了过来。现在他已今非昔比,带领自己不断壮大的团队,干得越来越出色。现在的他,学习学习再学习,不断地提高自己的素养和管理技巧。人也变得平易、民主,绝无半点盛气凌人之态,为组织营造了一个相互信任的氛围,并一步步完善了团队沟通体系,逐渐形成了具有自己团队特色的团队精神风貌。

第五章 导航仪：团队精神不断推动团队远行

- 优秀团队的团队精神特征
- 团队的自我超越

关键术语

团队精神共性　团队精神特性　塑造团队精神

知识要求

◆ 理解团队精神的共性和特性

技能要求

◆ 学会运用团队精神的共性和特性
◆ 通过实际案例的分析与解读，初步学会如何锻造团队精神

学贵在于习。

经过对团队精神的概念、作用，以及团队精神建设的基础、方法的学习后，周鹏飞主管没有沉浸在"学"上，而是同团队的销售人员一起积极地拟定团队目标，完善团队中的各项制度，积极营造和谐共进的团队氛围，团队精神的雏形开始显现，"鹏飞团队"的人气与士气也一天天上升。周鹏飞主管也更加注重学习，通过阅读一些团队建设的书籍以及到其他优秀团队取经的方式，同时在团队精神的感召下，团队成员的精神面貌与以往大不相同，鹏飞分部正像一只雄鹰，在低谷盘旋了一些时日后，正跃跃欲试，飞向更高的山巅……

在边学边做中，周鹏飞主管也慢慢地积累了一些团队精神塑造的经验。他想：锻造团队精神是否也会遇到瓶颈？那些团队建设卓有成效的优秀团队有着怎样的发展历程？

带着疑问，我们又一次开启了探求团队精神知识的航船，一起走进——导航仪：团队精神不断推动团队远行！

第一节　优秀团队的团队精神特征

团队精神是一个老生常谈的话题，尤其是我国在计划经济转向市场经济之后，传统的销售模式发生了根本改变，在今天，没有一个市场营销方面的书籍不涉及团队精神，也没有一个企业的营销队伍不强调团队精神。无数事实证明，一个团队如果缺失团队精神，即使如璀璨之星迅速崛起，也会很快地如摇曳的流星黯然逝去。面对竞争激烈的市场，面临各种环境的挑战，要想使一个团队的生命不枯萎、不紊乱，根深叶茂，长开不败，团队精神的建立是关键之一，团队精神是团队之魂，综观和总结优秀的团队，我们都不难发现这些团队具备鲜明的特征。

一、优秀团队精神表现出的共性

团队精神共性部分应该是求同存异的团队精神中最基础的表象，它主要表现在三个方面：团队是否具备凝聚力、团队成员之间是否具备合作能力，以及团队氛围是否具有高昂的士气，如果一个团队具备以上三点，我们就可以推断这个团队是具备团队精神的。

（一）团队的凝聚力

团队的凝聚力是针对团队和成员之间的关系而言的。团队凝聚力表现为团队强烈的归属感和一体性，每个团队成员都能强烈感受到自己是团队当中的一分子，把个人工作和团队目标联系在一起，对团队表现出一种忠诚，对团队的业绩表现出一种荣誉感，对团队的成功表现出一种骄傲，对团队的困境表现出一种忧虑。当个人目标和团队目标一致的时候，凝聚力才能更深刻地体现出来。在团队中，我们不难感觉到团队凝聚力的体现，如为了团队竞赛业务达标的冲击阶段，销售人员纷纷关心和询问团队业绩和目标的差距，每个人在竞赛阶段的最后时期为能多签一份单，多为团队业务添砖加瓦，而加大拜访量，放弃休息时间，来不及照顾家庭，实在没有客户可跑的销售人员，也在柜面大厅焦急地等待团队中其他销售人员的拜访结果，甚至自己掏钱购买保险，目的很简单，就是为了实现团队竞赛目标的达成。如果在共同努力下仍然没有达成阶段业务目标，会感觉到失望、惋惜，这就是良好团队凝聚力的体现。

（二）成员间的合作力

案例研读

昝经理的个人客户答谢会

案例导读

昝经理今天格外高兴和紧张，因为今天是她加入某寿险公司的第八年，为此她专门召开了一次"感恩八年客户答谢会"。这次答谢会所邀请的客户都是多年支持她工作的老客户和刚结识的新朋友，她为这次答谢会作了精心的准备，除了严格筛选参会嘉宾之外，还召集了她的主管和属员开了一次预备会，在会上，她根据本团队销售人员的展业技巧和特质，参照参会嘉宾的群体做了科学、细致的分工。销售人员小王自以往开拓的客户群体来看，多为年龄偏大的客户，今天答谢会可以安排他坐在嘉宾王奶奶身边；销售人员小刘，她非常有亲和力，性格外向，属于"自来熟"类型的，可以把她安排坐在嘉宾王总身边……经过一一安排，昝经理确保了每位嘉宾都有一个销售人员帮助她接待，而她也清晰地告诉他们每位嘉宾姓名、经济能力和潜在的保障需求。答谢会召开时，因为针对性地安排，所有的销售人员熟知参会嘉宾的资料、兴趣爱好和社会群体，所以大家很快地进入一个"频道"交流起来，会议氛围相当得好。会议结束后，有不少嘉宾表示愿意支持和再次支持昝经理的工作，昝经理的答谢会取得了很好的效果。

提出问题

良好的合作力为什么能推动团队精神的形成？

案例结论

"众人搭台，好戏连台"，如果能发挥团队中每个成员的特质，并将它们有效地互补协作起来，集体的合作必然会带来良好的团队氛围，产生强大的效力。团队精神所体现出的优秀精神特质必然会具有合作力。

团队合作意识指的是团队和团队成员表现出协作和共为一体的特点。团队成员间相互依存、同舟共济、互敬互重、礼貌谦逊；他们彼此宽容、尊重个性的差异；彼此间是一种信任的关系，待人真诚、遵守承诺；相互帮助、互相关怀，大家共同提高；利益和成就共享、责任共担。良好的合作氛围是高绩效团队的基础，没有合作就谈不上最终取得很好的业绩。

（三）高昂的团队士气

士气是从团队成员通过对团队事务的态度中体现出来的，表现为团队成员对团队事务的尽心尽力及全方位的投入。士气能大大提高军队的作战能力。在电影《勇敢的心》一场大战之前，主人翁威廉华莱士发表战前演讲："战斗，你可能会死；逃跑，至少能苟且偷生，年复一年，直到寿终正寝。你们，愿不愿意用这么多苟活的日子去换一个机会，仅有的一个机会！那就是回到战场，告诉敌人，他们也许能夺走我们的生命，但是，他们永远夺不走我们的自由！"作为电影观众，当我们听到这段精短有力的演讲时，会感觉热血澎湃、身临其境、顿生力量，我们甚至相信，如果我们也在这个战场上，一定也会拿起武器，向英格兰勇敢地开战。在现实的团队中，团队实力四分之三靠的是士气。为团队目标而奋斗的精神状态对团队的业绩非常重要，如果团队成员赞同、拥护团队目标，他们会觉得自己的要求和愿望在目标中有所体现，士气就会高涨，团队的战斗力就会大幅度提高。

> **小贴士**
>
> 团队的整体表现有一定规律性和周期性，有巅峰状态也有低迷时刻，要想尽量避免和减少低迷时刻，激发士气显得尤为重要。激发士气在寿险管理中有很多种方法：深入的交流、启动或表彰大会、氛围热烈的早会……甚至一个及时的短信都会起到振奋士气的效果。

二、优秀团队精神表现出的特性

优秀的团队在拥有团队精神共性表现的基础上，应该具备自身的个性，这种个性能得到挥洒和彰显，具有鲜明性，难以复制，这样的团队文化才会产生强大的力量，具备明显的竞争力。

（一）团队精神特性源于领导者的塑造

在一个团队的精神特征性未形成之前，它是通过团队的创始者或领导者潜心修炼、精心打造的，所以这些特性必然和创始者或领导者的胸怀和气质相吻合。今天，每个企业和团队越来越明白团队精神的重要性，所以不断地学习和借鉴优秀的团队精神，但有些团队会发现学习后的团队精神与预期效果相差甚远。造成这种结果的主要原因之一是它缺少相同气质的团队领导者。

（二）团队精神特征必须符合实际需要

很多企业和团队在学习中追求所谓的最优秀的团队精神，期望通过最优秀的模式来改造自身企业和团队的现状，但在现实中没有最优秀的团队精神，因为"最优秀"三个字很难找到界定标准。团队精神是源于团队的文化，而文化形态表现离不开环境的土壤，不同的环境会产生不同的文化，不同文化必然产生不同团队精神，所以团队精神只有最切合环境和符合资源之说，忽视自身条件、脱离实际的团队精神只能是空中楼阁，无法发挥团队精神实质性的作用。

小贴士

南橘北枳

《晏子春秋·内篇杂下》："橘生淮南则为橘，生于淮北则为枳，叶徒相似，其实味不同。所以然者何？水土异也。"同样的种子，在南方和北方所结出来的果实味道大相径庭，这是因为环境的改变，作为团队管理者，在塑造团队精神方面应该具有"本土化"特点，如果学习中全部采用"拿来主义"，其结果可能背道而驰。

（三）鲜明的团队精神是重要的核心竞争力

个人保险代理业务营销模式开办以来，经过十多年的发展，行业内涌现出大批的优秀个人和团队，因特有的经营理念和独特的团队文化，将所辖团队塑造成极具团队精神的团队，通过多年沉淀和苦心经营，各种类型的团队精神呈现出百家争鸣、百花齐放的局面，鲜明的团队精神已经成为这些团队叱咤市场，推动团队持续健康发展的核心竞争力。部分杰出团队名字不再是一个简单的符号，而是代表一种精神，象征着保险人勇往直前、永不满足、不断超越自我、敢为人先的气概。

知识链接

飞龙部介绍

安庆是一个内陆地市，城区人口仅 70 万人，截至 2009 年共有 17 家公司入驻开展个人保险代理业务。因为资源有限、经济欠发达，人们对保险的认识还停留在不甚了解的层面上，甚至带有一种抵触和拒绝的情绪。在飞龙部开疆拓土的初期，在文化建设、团队精神塑造、团队管理上进行不断的摸索和创新就成了事在必然的选择。建部十年，从小到大、从弱到强，团队人力由 2000 年的 85 人发展到今天的 300 余人，新单保费规模由 2000 年的 578 万元递增到今年的 2300 万元。2003 年，飞龙部在省部级单位中第一个突破期交保费 1000 万元，并荣获全省精英团队第一名。2004 年，飞龙部在全国 3000 家同级单位中排名第 32 位，2005 年排名上升至第 19 位，团队中有 78 人次获得总公司、省公司奖励，并为市公司、省公司输送了大量的管理人才。

涂碧翔经理是飞龙文化的创建者和布道者，涂碧翔是军人出身，1984 年入伍，1987 年 6 月入党，1996 年转业，荣立三等功两次，他用努力和汗水从一名普通的销售人员升到部经理，最后升到安庆分公司副总经理。在多年的团队管理实践中，他始终把党的信念带到团队建设中去，并把军旅文化复制到团队中去，"部队能让一个纪律涣散的人变成责任感强、纪律性强的人，也让我从一个普通百姓变成一个军人，"涂碧翔经理这样说。对于曾经当过兵的人来说，军旅生活是他们此生无法磨灭的记忆，回顾解放军在其发展历程中尽管遇到过这样那样的挫折，却始终高举"为人民服务"这面大旗，并坚定信念不动摇；解放军始终保持开放的、与时俱进的精神状态，用世界上最先进的科学理论武装思想，追踪和掌握世界上最先进的武器装备，使这个组织始终保持旺盛的战斗力；解放军始终注意组织的文化建设，用先进的文化塑造组织成员；解放军始终拥有最优秀的创建者、管理者和执行者；解放军把一个武装集团建成了一所大学校，把一个武装集团建成了中国最具文化特色的组织。因为多年在部队里的锤炼和影响，以及对寿险营销这份崇高事业打自心眼地理解，在团队管理中，涂碧翔不断地用军旅文化来塑造人，打造团队精神，他认为如果在团队文化塑造中，能让每位销售人员像军人那样对自己事业虔诚，像军人那样明白自己的神圣职业，像军人那样用坚强的意志克服困难险阻去战斗，像军人那样具备较强的服从性和强烈的集体感，那么我们所塑造的团队将是一支无往不胜的铁军。经过多年的潜心塑造，飞龙部军旅文化已经成为支撑团队发展的支柱，催人奋进、引人向上。

第二节　团队的自我超越

一、如何实现团队自我超越

时代在变迁、科学在发展、社会在进步，今天我们已跨入一个高速发展的全新时代，如果我们跟不上发展步伐，如果团队跟不上进步的节奏，不能实现突破自我、超越自我，必将面临落伍和淘汰，寿险营销团队的自我超越可以划分为三个层次：第一个层次是对于保险销售人员而言的，通过在知识、技巧、经验、职业素养上实现自我超越，可以提升自我的能力和价值。第二个层次是对于团队而言的，只有每个人都有自我超越的意识和精神，才能在根本上促进团队的进步和面对竞争及发展。第三个层次是对于社会而言的，团队的自我超越更能体现行业价值，有助于发挥保险的意义和功用，为构建和谐社会作出积极的贡献，在团队建设方面，我们可以通过文化塑造、价值观引导、训练培养、目标激发来塑造团队精神，通过团队精神来实现团队三个层次的超越。

(一) 文化塑造团队精神

世界上有上千年的宗教，却鲜见百年的企业，为什么呢？因为文化就是宗教的根，它给了信徒一个信念、一种信仰，统一了信徒的价值观和处世观，让所有的信徒坚定追随并维护所弘扬的宗教思想，这就是文化对人产生的影响。在团队中树立积极向上的团队文化，会培养团队中每位成员形成与团队文化相匹配的团队精神。文化理念植入不是一日之功，必须经过岁月的积淀、时光的雕琢，在很多团队中，我们会在它

案例研读

新年零点升旗仪式

案例导读

墙上的时钟即将迈入 2010 年，安庆室外温度已经是零下，飞龙部职场里却暖意融融，200 名营销销售人员都在庄严地等候飞龙部一年一度的升旗仪式，这也是飞龙部建部以来第十个年度凌晨早会，在此之前四个小时，所有的飞龙销售人员都在这里守岁，大家一起参与联欢游戏、公司抽奖、诚信签名等各种活动的同时，共同迎接新一年的到来。按以往惯例，新年的 0 时 0 分，在全体飞龙销售人员的注目下，由涂碧翔经理和安庆分公司总经理共同升起象征飞龙部信仰的飞龙部部旗，今年有所不同，因为团队发展需要，在 2010 年飞龙部将裂变为三个职场经营，随着代表 2009 年的飞龙部部旗徐徐落下，飞龙部这曾让飞龙销售人员为之振奋和骄傲的名词将珍藏于历史长河之中，冉冉升起的是代表三个新生力量，代表飞龙部发展壮大的三个职场部部旗，此刻所有的销售人员都饱含泪水，将昔日的荣誉埋在心中，昂头阔步走向更美好的明天。涂碧翔经理在 2010 年凌晨早会上动容地说道：我希望，从飞龙部中裂变出来的三只小龙，无论以后在发展中遇到怎样的困难和坎坷，我们都有义务和责任将飞龙的文化发扬光大，指引着我们迎接更美好的明天。

案例结论

当五星红旗升起时，会唤起所有中国人的神圣感和自豪感，同样，团队文化以特定形式表现出来，会感染着团队中每个成员。

的职场或者办公区域内看到"团队文化",诸如"勇争第一、誓夺目标、诚信经营、执著创新、务实服务"等文化口号会被挂在墙上醒目位置、写进公司的宣传资料里。这种团队文化只是作为一种流行形式存在于团队经营的表层,变成了一种摆设,真正的团队文化是能与团队中成员的心灵产生共鸣,渗入到每个成员的血脉之中,团队所有的成员会自发地表现出来,整体地显现就成为团队的精神。不同的团队文化侧重有所不同,如团队中的"狼文化"侧重的是成员协作意识,"家文化"侧重的是以人为本的初衷,"军旅文化"强调的是服从、执行和约束,尽管侧重不同,但不同的团队文化最终的指向都是以培养团队精神为目的。团队的文化不拘于固定的形式,特色团队文化会让团队中每位成员为之骄傲和自豪,作为文化的感受者和经历者,他们也乐于将这种文化传承和发扬。

(二)价值观指导团队精神

价值取向指某些价值观成为一定文化所选择的优势观念形态,或为个体所认同并内化为人格结构中的核心部分,就具有评价事物、唤起态度、指引和调节行为的定向功能,不同的文化背景和社会需求会产生不同的价值取向,"诚信为本,以诚待人,以信取人"呼唤着每个企业和团队的价值取向,继承和发扬"诚信为本"的道德风范,是每个保险人义不容辞的责任。寿险营销工作是一项有益于社会、服务于大众、播洒爱心的高尚职业,同时是成就自我、实现理想的舞台。在团队的日常管理和经营中,除了关注每个人的生存质量和发展愿景,强调"小我",更要注重每位成员使命感的培养,强调发展自我和与他人合作的和谐共存关系。我国目前还处于保险业发展的早期阶段,我们不得不承认以下两种现状存在:

一是很多人从事保险营销工作的初衷是为了改变现状、增加收入,以实现物质上的富足,这种需求按马斯洛需求原理分析,应该是处于较低标准的生理需求,随着保险业不断发展,很多人在这个行业实现了创造财富的理想,如果企业或团队管理者仍然以物质收获作为保险销售人员从事保险营销工作的驱动力,会对团队造成不良影响,首先拜金文化会让销售人员缺乏精神上的诉求和需要，失去进一步发展的目标，再者会让积极向上的团队文化难以普及和渗透。

二是作为社会中的一分子，每位社会人都希望得到他人或社会对其价值的肯定和认同，但目前社会中依然存在对保险销售人员的不理解，甚至排斥的现象，这让很多从事保险营销的工作人员有强烈的失落感，缺乏最基本的行业自尊感和神圣感，为此，企业和团队要让每位销售人员深刻明白保险工作的神圣和价值所在，帮助他们树立职业使命感和责任感，这不是脱离实际的口号，而是要通过各种方法和形式让销售人员深刻地体会到自我价值和重要性，这样才能实现个人和公司持续发展，实现团队的自我超越。

案例研读

价值观的反思

案例导读

一、某公司接到客户投诉，原来销售人员推销的分红产品与客户应该掌握的信息不一致，导致客户听信了销售人员的误导才购买了该产品。这宗投诉案如果处理不好，大家辛辛苦苦建立起来的品牌信誉度、忠诚度、美誉度就会毁于一旦。公司领导组织了由分部经理组成的调查组走访客户，经过调查，证实业务员的确有误导客户的行为。拿到确凿的证据后，依据规定对误导客户的销售人员作出了罚款、扣罚佣金、开除代理人队伍的处罚，并立即召集所有销售人员召开大会，公布事情经过和处理结果，对违反诚意的行为给予坚决打击并威慑，同时，由其负责补偿客户因退保带来的经济损失。此举使所有的销售人员都深受触动，在以后销售工作中，他们更加认真地审视自己的言行，把诚信落实在自己的行动中。

分析：防微杜渐，一旦发现团队中有悖于正确价值观的行为时，作为团队管理者要立刻制止，具有共性的问题，一定要归过于"公堂"，给予处罚，明确公司的立场，树立正确的价值取向，因为如果不良习气不及时阻止和遏制，则可能会蔚然成风，后期就难以纠正。

二、2008年2月11日，一位销售人员和客户洽谈了一个年交费50万元的金彩明天保险单，分5年交完，共250万元。在当地，这样的单件保费是绝无仅有的，但销售人员没有立刻和客户签单，而是请公司业务管理部门核保师先去客户家里进行生存调查，在充分介绍了条款的基础上，郑重地提示客户：我们的产品分红水平是不确定的，这令客户非常感动。第三天，这位客户雇车赶了60多公里的路到公司交了款，并在留言本上写下了他对公司和员工的赞扬：诚信创大业，诚信美人间。从此，该销售人员成为这位客户的寿险顾问，客户又在销售人员手中陆陆续续办理和升级了各类保险保障计划。

三、2008年，中国人寿某分公司和市委、共青团委联合组织了贫困儿童助学活动，某分公司将根据销售人员在某一个时段内工作成果的多少，以销售人员的名义资助贫困家庭的儿童就学。活动开展期间，全系统内的每一位销售人员都以忘我的热情投入到工作中，八个小时的工作制打破了、白天和黑夜的界线消失了、家的概念没有了、节假日的时间奉献了，这样做的目的只有一个——多做一份保单，多资助一名儿童，多贡献一份责任，多献出一片爱心。

四、40名销售人员脸上洋溢着幸福的笑容，每个人此时都感觉到无上的光荣，因为他们即将出席一次不同一般的表彰会。由于2009年在工作中的突出表现，今天某税务局将授予他们"2009年度纳税明星"称号，与以往获得的大大小小的奖项和荣誉相比，这个称号显得更为弥足珍贵，因为它代表着每位保险代理人员为地方税收作出的积极贡献。

案例解析

以上案例从不同侧面反映了价值观带给我们的思考。从历年来老客户加保的统计数字来看，忠实的老客户为公司业务逐年发展作出了重大的贡献。如果销售保单时一味地追求保费而忽视后面的诚信，会影响到保单的质量和失去已有客户；相反，倡导销售人员在销售中时刻把握诚信之弦，而不是急躁地追求签单，会为公司和销售人员赢得更多的信任和业务。在团队管理中，公司应该多关注销售人员精神层面的需求，组织他们参与各种公益活动，有利于帮助销售人员体会到自己的价值和使命感，增强团队精神，与此同时带来的是公司和个人的共同发展。

（三）训练培养团队精神

> **知识链接**
>
> 在第二次世界大战中，巴顿将军的威名在一定程度上取决于他战场上的表现。而与此相反的非议，主要来自他近乎无情的军纪和训练。是巴顿规定士兵床前不能有女人的画像，强调军人的敬业精神和良好的军事素质，是巴顿严整军容风纪，他的部队是美军中军容最整、军纪最严的，巴顿部队是美军唯一的不能掉扣子的部队，巴顿说军队如果掉扣子，就意味着向德国潜艇击沉一艘商船一样严重。为什么他提高到这么一个层面上来认识问题，他讲究的是军人一定要一丝不苟，平时一旦有丝毫的松懈，在战争中很可能丧命的几率比别人大，所以巴顿的部队是美军作战中伤亡最小的。
>
> ——摘自《百家论坛》

从巴顿将军近乎无情的要求和训练，取得的效果是部队军容、军貌的改善和战斗力的提升。训练能改变军容、军貌，同样能改变团队精神面貌，在训练的过程中，可以要求团队每位成员的动作与上级的要求相一致，不折不扣地去执行，同时在训练中每位接受训练的成员会有所体验，长期的体验会形成认知和认同，最终指导个体的行为和思想。营销团队未加雕琢之前是一个松散型的组织，训练对提高队伍士气、促进团队发展、提升销售业绩都有十分重要的作用。保险营销管理事实上是前后管理，也就是对销售人员实施活动前或活动后的管理，在销售人员开展活动的过程中，作为团队管理者无法实施有效的监督。而现有的营销队伍人员构成一般都是女性，她们一般没有过往的工作经历或者是下岗女职工。因为在加入保险公司之前长期没有从事工作，或者在以往企业中养成了散漫的工作习惯，日积月累的影响很难保证他们有高度的自律性和时间管理能力，而训练可以改变这些散漫陋习。另外，团队精神的根本功能或作用在于提高组织整体的业务表现，强化个人的工作标准也好，帮助每一个成员更好地实现成就也好，目的就是为了使团队的工作业绩超过成员个人的业绩，让团队业绩由各部分组成而又大于各部分之和。团队的所有工作成效最终会在一个点上得到检验,这就是团队精神层面的协作精神。在日常工作中,我们会采用拓展训练、团康活动等方式,训练成员之间的协作意识和默契度。

训练团队协作精神的方法

一、特点:团队协作型

二、操作:

1. 在地面上画比各队人数多一个的一条直线方格,每个方格的大小以能站一人为标准。

2. 将各队学员分成两组,一组从左边最后的方格开始,依次每个人各站在一个方格内。另一组则从右边最后的方格开始,依次每个人各站在一个方格内。两组中间空出一个方格,两组人员相对而站。

3. 小组以最少的步伐及最短的时间把左右两组的成员对调。要求如下:

A. 每次只能有一个人进行移动;

B. 人只能前进不能后退;

C. 人不能离开方格;

D. 只能绕过对方一个人,不能绕过两个人及以上;

E. 一个方格内只能有一个人。

三、目的:

——发挥团队合作精神是寻求解决问题的很好方法;

——领导的作用;

四、现场效果诉求:

热烈有趣,大家为寻求方法不停地思考。

五、讨论及回顾要点:

——如何看待团队冲突?

——当你的建议不被团队采纳时你如何反应?

——民主与集中的优劣?领导者的作用如何?

（四）目标激发团队精神

目标激发团队精神可以分为个人目标激发团队精神和团队目标激发团队精神。

1. 个人目标激发团队精神

目标是一种刺激，是满足人的需要的外在事物，是希望通过努力而达到的成就和结果。合适的目标能够诱发人的动机，规定行为的方向。心理学上把目标称为诱因，由诱因诱发动机，再由动机到达成目标的过程称为激励过程。在这个过程中，各种精神得到发挥和体现，这些个体精神就能成为团队其他成员学习的榜样，最终由个体向团队扩散，当人人都具备这种精神时，团队精神特征品质就形成了。目标往往为管理者提供了激发团队精神的手段。2008年，安徽省分公司总经理在安徽省系统号召广大的销售人员向黄荣彩学习，很多团队管理者在看到《朱总致全辖销售人员一封信》后，洞察到后面隐藏的契机，仔细研究、精心策划，采用阶段达成和环环推出的办法，动员每一位销售人员掀起了向黄荣彩学习的活动高潮。在这次活动中，全省有几十位销售人员连续出单78天以上，其中三位销售人员连续出单600多天以上，众多销售人员的参与和一小部分标杆的涌现带动了团队业务的攀升和团队精神的释放。

2. 集体目标激发团队精神

团队目标是黏合剂，它可以将一盘散沙聚合成坚硬无比的砂轮，力量足以磨平坚硬的钢铁。丧失了团队目标，一个团队中的成员中每个个体再怎样优秀，所体现出来的整体实力都会大打折扣。在每个成员都为团队目标所努力的时候，他们会体会到仅仅靠个人努力是很难达成的，必须依赖团队中其他成员的协助，才能发挥出每个人的优势，集聚最大的力量。在这个过程中，每位成员的相互依赖感会增强，彼此的理解会加深，会意识到他人在团队目标实现的过程中都具有不可或缺的作用，从而产生彼此的信赖和欣赏，形成团队精神。

案例研读

主管登山团康活动

案例导读

因为发展和实际情况的需要,某地市公司决定将城区营销一部和城区营销二部合并为一个营销部,但历史遗留的种种原因让新任营销部经理非常"头疼",因为原一部和二部的文化迥异,而且这两个团队的高层主管因为多年的内部业务竞争对抗,产生了"敌对"情绪,这种情况是非常不利于团队整体发展的,但公司调节多次都无效。后来营销部经理组织原来两个部的所有高层主管参加了一次雨中登山的活动,登山那天下着大雨,公司用大巴把所有主管拉到山脚下后,告知今天的目的地是在山顶,营销部经理已经在山顶等着他们,中午在山顶吃饭,少一个人都不开饭,直至全员到齐,然后大巴开走了,把所有主管丢在这荒无人烟的地方。主管们开始向山顶出发,大家没有雨伞,山路非常泥泞……在下午2点的时候,所有主管终于都到达了山顶,大家一起用了餐。自这次活动之后,营销部组训发现两个部之间的主管相互交往的态度发生了改变,变得友好起来,"敌对"情绪渐渐没了,组训问营销部的经理用了什么办法,能在短时间内取得神奇的效果,使原来两个团队的主管根深蒂固的抵触观念发生改变,经理笑笑说道:"我想可能是登山的过程中给他们留下了难忘的回忆和体会。"

提出问题

在团队遇到问题或瓶颈时,我们应该用怎样的思维去化解?团队共同的目标的制定对团队精神的建设又有着怎样的作用?

案例结论

共同的目标是团队发展的基础,团队成员只有在共同目标的引领下才能逐步形成凝聚力与合力,才能产生团队精神。新任营销部经理通过一个活动目标把原来"敌对"的个人组合起来,在活动过程中,每个人都体会互相协助的重要性,进而开始对团队精神有所了解,并且在活动中互相之间的隔阂被打破了,团队的凝聚力得到改善。

二、团队精神推动团队远行

无论是一个国家还是一个民族、一个集体，甚至一个人，没有精神力量是不行的。一个前进的国家，总有一种奋发向上的精神。一个发展的民族，总有一种积极进取的意志。一个强大的集体，总有一种根深蒂固的团队精神，它是团队持续健康发展的有力保证。每一个团队都应该对自己的成员进行团队精神的教育，每个团队中的一分子都应该唤起对自己所在团队的团队精神。

团队精神是一个团队的灵魂。它是振奋精神、激励斗志、团结一心、艰苦创业的强大动力。一个缺乏团队精神的团队注定是一盘散沙，结果必然是各人自扫门前雪，不管他人瓦上霜，油瓶倒了都不扶一手。团队精神能增强团队的凝聚力。有了团队精神，团队才有凝聚力、才有进取心、才有向上的朝气。

团队精神能增强团队的战斗力。拥有团队精神，团队才有活力，才有奉献精神，才能招之能来，来之能战，战之能胜，无坚不摧。团队精神是团队奋发向上、蓬勃发展的推动力。

一个没有团队精神的团队是没有希望的团队，一个没有团队精神的个体是不可能成为一名真正意义上的优秀个体的。有团队精神的成员会顾全大局，以集体利益为重，绝不会为个人的私利而损害公司的整体利益，他们甚至会为集体的利益不惜牺牲个人的利益。他们知道，只有公司强大了，自己才能有更大的发展，他们明白唇亡齿寒，皮之不存，毛将焉附的道理。如果一个人对自己的工作有足够的荣誉感，对自己的集体引以为荣，他必定会焕发出极大的工作热情。事实上，往往是那些有团队精神的个人才敬业爱岗、踏实肯干，才有可能被真正地委以重任。具有团队精神的人，在任何一个集体中都会受到欢迎和尊重。

有了团队精神，才会有敬业。具有团队精神的成员都具有强烈的责任心，团队精神可以衍生人对集体的归属感和责任感，使每个成员更加珍惜和热爱自己的本职工作，兢兢业业、尽职尽责、敬业爱岗。也只有这样，成员才能自觉地不做任何与履行职责相悖的事，不做任何有损于企业形象和名誉的事。

有了团队精神，才会有进取。有了团队精神，个人才有自我修炼的渴望，团队才能形成比、学、赶、帮、超的良好氛围，团队成员才能不断增强其自我约束、自我完善、自我发展、自我提高的意识。

有了团队精神，才会有合作。团队精神能增强团队的协作力，有了团队精神，工作才会不分分内、分外，工作起来才能互相协作、紧密配合、相互支持、相互补充。

有了团队精神，才会去修炼。修即学习，炼即实践。有了团队精神，人才会更有上进心，才能像海绵吸水一样不断学习，才能"吾日三省吾身"，常知不足而进取。

团队精神可以创造荣誉，荣誉也可以让个人获得更大的回报。事实上，只要我们尽职尽责、努力工作，工作也会赋予我们心理的满足，回馈我们丰收的果实。具有团队精神的人，通常是道德品格高尚的人，他们会更多地为别人着想，而不是活在自己的一己私利里。凡事能多替他人着想、多替集体着想，会使人心胸更宽广，自己也更愉悦。如果我们和我们的团队具备团队精神，这种优秀的品质一定能推动我们和我们的团队在寿险营销这条康庄大道上不断远行！

知识回顾

- ◆ 不同的团队所表现出来的团队精神既具有共性的一面，也具有自己鲜明的特点。
- ◆ 团队精神表现出来的特性是与领导者的气质相符的。
- ◆ 团队精神的鲜明性和特性是符合满足团队实际情况要求的，而鲜明的团队精神是团队最突出的核心竞争力之一。
- ◆ 通过文化塑造、价值观引导、训练培养、目标激发等方法能有效地塑造和提高团队精神。

学以致用

团队精神塑造和形成非一日之功，作为团队的管理者，我们要深入到团队中，不断地充实自己的知识、去实践，在借鉴、学习和体会中摸索如何打造自己的团队精神。

周鹏飞主管在这里学习了塑造团队精神的方法，并通过优秀团队精神塑造的案例让自己更加清晰地了解了团队精神的建立方法。"鹏飞团队"百人团队的目标一定能早日实现。

参考文献

[1] 李慧波：《团队精神》，北京，新华出版社，2004。

[2] 李金玉：《团队精神全集》，深圳，海天出版社，2004。

[3] 搜狐网：《第二届全国"十大保险明星"候选人材料》，2004。

[4] 吴昊：《众人划桨开大船——浅谈徽盐之团队精神与企业文化》，http://www.ahsalt.com/news_detail.asp?id=6418，2008-06-10。